U0907404

辜鸿铭评传

王钰　编著

中华工商联合出版社

图书在版编目（CIP）数据

辜鸿铭评传 / 王钰编著 . -- 2 版 . -- 北京 : 中华工商联合出版社 , 2018.6（2021.7 重印）

ISBN 978-7-5158-2304-1

Ⅰ . ①辜… Ⅱ . ①王… Ⅲ . ①辜鸿铭（1856-1928）—评传 Ⅳ . ① K825.4

中国版本图书馆 CIP 数据核字（2018）第 096648 号

辜鸿铭评传

编　　著：王　钰
责任编辑：林　立　崔红亮
装帧设计：北京东方视点数据技术有限公司
责任审读：魏鸿鸣
责任印制：迈致红
出版发行：中华工商联合出版社有限责任公司
印　　刷：唐山富达印务有限公司
版　　次：2018 年 9 月第 1 版
印　　次：2021 年 7 月第 2 次印刷
开　　本：710mm × 1020mm　1/16
字　　数：200 千字
印　　张：16
书　　号：ISBN 978-7-5158-2304-1
定　　价：78.00 元

服务热线：010-58301130
销售热线：010-58302813
地址邮编：北京市西城区西环广场 A 座 19-20 层，100044
http: //www.chgslcbs.cn
E-mail: cicap1202@sina.com（营销中心）
E-mail: gslzbs@sina.com（总编室）

序

这套励志书由两部分内容组成，一是大师传记，二是名家文集。前者记述大师的人生事迹，评点他们的精彩瞬间；后者辑录名人的文章言论，展示他们的才华睿智。所选者，无不是成功的人生，无不是为后人所推崇和敬仰的人。对于我们每一个人来说，他们都是后人追求的榜样，励志的灯塔。其实，古往今来，所有的成功者，他们的人生和他们所激赏的人生，不外是："有志者，事竟成。"

励志是动宾结构的词，励是磨砺，志是志向，放在一起就是磨砺志向。所以说，励志不是简单的立志，是要像把刀放在石头上磨才能锋利一样，这个磨砺，也不是轻而易举地摩擦一下，而是要下力气的，对刀来说，不仅要把自身的锈磨掉，还要把多余的部分都要毫不留情地磨掉，这简直是一场磨难。所有绚丽的人生都是用艰难磨砺成的，砥砺生命放光华。可见，励志至少有三层意思：

一是立志。国人都崇拜的一本书叫《易经》，那里面有一句话说："天行健，君子以自强不息。"这是一种天人合一的理念，它揭示了自然界和人类发展演化的基本规律，所以一切圣贤伟人无不遵循此道。当然，这里还有一个立什么样的志的问题，孔子说：

“士不可以不弘毅，任重而道远。”古往今来，凡志士仁人立的都是天下家国之志。李白说：大丈夫必有四方之志，白居易有诗曰：丈夫贵兼济，岂独善一身，讲的都是这个道理。

二是励志。有了志向不一定就能成事，《礼记》里说：“玉不琢，不成器。”因为从理想到现实还有很大的距离。志向须在现实的困境中反复历练，不断考验才能变得坚韧弘毅，才能一步一个脚印地逐步实现。所以拿破仑说：真正之才智乃刚毅之志向。孟子则把天将降大任于斯人描述得如此艰难困苦。我们看看历代圣贤，从三大宗的创始人耶稣、默哈穆德、释迦牟尼到孔夫子、司马迁、孙中山，直至各行各业的精英，哪一个不是历经磨难终成大业，哪一个不是砥砺生命放射出人生的光芒。

三是守志。无论立志还是励志都不是一朝一夕、一蹴而就的，它贯穿了人的一生，无论生命之火是绚丽还是暗淡，都将到它熄灭的最后一刻。所以真正的有志者，一方面存矢志不渝之德，另一方面有不为穷变节、不为贱易志之气。像孟子说的那样：“富贵不能淫，贫贱不能移，威武不能屈。”明代有位首辅大臣叫刘吉，他说过：“有志者立长志，无志者常立志。”这话是很有道理的。

话说回来，励志并非粘贴在生命上的标签，而是融汇于人生中一点一滴的气蕴，最后成长为人的格调和气质，成就人生的梦想。不管你做哪一行，有志不论年少，无志空活百年。

希望你能喜爱这套励志书，让它点燃你的生命之火，让人生变得更加绚烂。

徐　潜

前　言

民国时，有三条特立独行的辫子，分别留在一武二文三个人脑后。

其中的武夫，辫帅张勋于1923年病逝，一文人王国维于1927年自沉，另一文人的辫子，便成了精神层面上，已亡清帝国的最后一根。

辫子的主人，便是本书的主角——不世出的人中怪杰辜鸿铭，清末民初学术界最具喜剧色彩、最受争议的大师级人物。

当时的西方流传着这样一句话："到北京可以不看紫禁城，不可不看辜鸿铭。"

他是学遍西洋、精通9国语言、获赠13个博士学位、名满欧美的国学大师，能将《论语》《中庸》译为英文和德文；是以英文讲儒学、穿古服教洋诗的北大怪教授；亦是坚定不移的复辟论者、冥顽不化的前清遗老、至死不渝的保皇派。

印度圣雄甘地称他为"最尊贵的中国人"。

李大钊曾言："愚以为中国二千五百余年文化所钟出一辜鸿铭先生，已足以扬眉吐气于二十世纪之世界。"

林语堂称："鸿铭亦可谓出类拔萃，人中铮铮之怪杰。"

文化巨擘吴宓亦赞曰:“辜氏乃中国在世界唯一之宣传员。”

然而，陈独秀却斥他为“顽固”“老古董”，受新思想影响之人无不认为他是冥顽不化的老怪物。

辜鸿铭一生东西漂泊，走南闯北：生在南洋，学在西洋，婚在东洋，仕在北洋。身历列强入侵，王朝颠覆，民国动荡，军阀混战，几番浮沉起落，却不减豁达从容。

入张之洞幕，受皇恩为官，参与张勋复辟，后为北大教授。

他生平不惧权贵，不畏列强，最爱骂人。上至当权者下至西洋人，无一不遭他唇枪舌剑的戳刺，一言一句直指人心，在百年后的当世，仍有振聋发聩之感。

慈禧做寿时他狂言“万寿无疆，百姓遭殃”；袁世凯正当权，他敢称其为“贱种”；袁世凯病逝，全国举哀三日，他却请来戏班大唱堂会。

他风流狂狷，怪癖甚多，酷爱女人小脚，鼓吹纳妾制度，自己“以身作则”，妻妾相伴，不亦乐乎。

要说辜鸿铭生平之最爱，还数中华文化。他东南西北辗转一生，无时不忘自己是个“文化斗士”。晚年漂洋东渡日本，纵然步履虚浮、满头霜发，仍为“中国梦”奔走呼喊，自命为“老大中华末了一个代表”，终生“忠于中国之文明”。

他一生痛骂洋人却见重于洋人，名满西洋，与泰戈尔齐名；一生维护中华文化却见怪于国人，被视为怪物，如今知其名者寥寥无几。反观当下，文化缺失，国民几乎“精神破产”，一腔赤诚热衷于数千载灿烂文明的怪杰如辜氏，倒让人颇为怀念。

生于离乱之世，面带喜剧脸谱，头拖三尺长辫，奔呼中华文明。顽固也好，守旧也罢，是耶？非耶？辜鸿铭是也。

目　录

天南地北漂泊客

南洋有骄子

百年烟雨化一梦，百年沧桑造一人，英雄固有出处，名家自有背景。

明清时期，中国以己为世界之中心，对于其他地域便按照方位起个代称，如“东洋”“南洋”“西洋”，用于不必细说时的泛泛一指。如此说者方便，听者了然，只求明白大致方位，不去深究具体国别。

东洋与西洋先不细说，只说南洋。东南亚大小诸国都可称为南洋，马来半岛自在其中，它的西北侧是盛产橡胶的槟榔屿。此地有处牛汝莪橡胶园，与其他橡胶园并无半分差别，同马来半岛的其他角落一样，一年中的大部分时间都在难耐的酷热中煎熬。

此时是清咸丰七年闰五月廿七日，公元 1857 年 7 月 18 日。热带的酷夏，哪怕是一动不动，都会汗如雨下。若有妇人在此时分娩，实在是件痛苦不堪的事。而牛汝莪橡胶园内，一名金发碧眼的洋孕妇就在经历着这种双重痛苦。女人的丈夫是这个橡胶园的总管家，名叫辜紫云。

辜家原本并不姓辜，而是姓陈，世代靠打鱼为生，居住在福建厦门同安。由于祖辈中一个叫陈敦源的人酒后重伤他人惹祸上身，为逃官府通缉而急中生智，携带家眷漂洋过海，落户于马来西亚的槟榔屿。

当时的槟榔屿人烟稀少，倒是藏身的绝佳地点，只是荒凉到连耕地都要自行开垦。好在地广人稀，没有竞争，又无人管束，勤劳的辜家祖辈自助开荒，意外地成了开辟这里的华人先驱，而后备受敬仰。但是，事隔多年后，陈敦源仍对当年自己的过错记忆犹新，痛悔万分，为示悔意，便改姓为“辜”，以此警示后人这背井离乡之苦。

及至这位洋孕妇在分娩的剧痛中煎熬时，这个曾经需要自行垦荒的小岛早已成为繁华闹市，被英国人占据为自己的殖民地了。因此，即使贵为开荒先驱，辜家祖辈也不得不常年与那些后来居上的殖民者打交道。值得庆幸的是，辜紫云的祖父颇受殖民者的信赖，甚至还得了个“行政首脑”的称号。

也许是槟榔屿风水甚好，或是祖辈开荒有道，轮到辜紫云的父辈一代时，辜家更是人才辈出，其中最为优秀的当属辜安平、辜国材和辜龙池——辜紫云的父辈三人。辜安平儿时便被送回祖国学习传统文化，后因学识渊博而获取功名，在林则徐手下为官，后来尊朝廷派遣定居台湾。

辜国材和辜龙池子承父业，继续在政治领域与殖民者保持着往来，因辜国材外交能力卓越，后随从英国人登陆新加坡，成为先登新加坡的中国引领者，辜家再次做了先驱。辜龙池则仍在政府任职，由于佳绩显著而被提升为拿督勋衔。与父辈相比，辜紫云不喜政治，与世无争，但为人正直，有着强烈的爱国情怀。因为不曾从政，所以找了一个安逸平稳的工作谋求发展。

彼时，他在英商布朗的橡胶园工作，由于精通英语、马来语和闽南语，与客户交流得心应手，再加上勤恳负责，态度认真，深得布朗的信任，也与布朗结下了深厚的友谊。

辜紫云正在分娩的妻子则是正宗的西洋人，会说葡萄牙语和英语。当婴儿的啼哭声响起，妻子夹杂着西洋话的呻吟声渐渐消退下去时，辜紫云悬着的心才放下来。继而拿出家谱，按照传统的谱序，小心翼翼地在自己的名下、长子辜鸿德的后面，添上了一个此时还未闻于世的名字——辜鸿铭。

无子女的布朗夫妇非常喜爱辜鸿铭，便收他为义子，辜紫云欣然应允了。年幼的辜鸿铭并不清楚，自己将通过“这副西洋镜”，看到何等模样的世界。

年少时，辜鸿铭与哥哥常被爱国情怀深厚的父亲带到祖先牌位前，毕恭毕敬跪地接受灌输：“虽然我们身处他乡，但无论何时都不要忘了，遥远的地方有我们的祖国。”

由于年龄问题，辜鸿铭自然无法将国与家理解得如父亲般透彻，但他也有自己的心灵世界。他发现同样的问题，不同人种的唇齿和舌头会制造出千差万别的答案。从父亲嘴里冒出来的，是东方的思维与逻辑，而从母亲和布朗先生嘴里冒出来的则是西洋那一套。

对于少年辜鸿铭而言，东西方两种文化就像是两个神秘的洞穴，不去一探究竟就太遗憾了。虽然他的父亲是根正苗红的中国人，但他最先探索到的，却是西洋文化的瑰丽洞穴。

1867年，布朗夫妇考虑返回苏格兰，并与辜紫云商量是否可以带辜鸿铭一起走："我们夫妻俩决定回英国去，对我们而言这里的生活已经有些乏味了，何况又已多年未回去了。希望你们能答应两件事，一是帮忙照料橡胶园，二是让鸿铭跟我们走。"

闻言，辜紫云十分欣喜。他虽然深爱自己的祖国，但同时也知道英国是文明、发达的象征，便欣然同意了这样的安排。

一切谈妥，年方十岁的辜鸿铭便准备随义父布朗先生远赴英国，开始漂泊四方的一生。

按照清朝纪年，此时正当清同治六年。曾经的天朝上国早已满目疮痍，"万园之园"之称的圆明园也付之一炬，从北京城上空飘向了锦绣河山各处。种种苦难，无论从哪个角度出发追溯，都要究到英国人头上。而辜鸿铭要去的地方，正是英国。值得一提的是，此后十年间，伊藤博文和严复也陆续来到了英国。彼时，强盛的英国就像《西游记》中的西天，吸引着无数的有识之士不辞艰辛前去取经。

临行前，辜紫云让辜鸿铭拜倒在祖先牌位前，虔诚焚香礼敬，并告诫他：

"不论你走到哪里，不论你身边是英国人、德国人，还是法国人，都不要忘了，你是中国人。"

还指着他脑后的辫子，说："有两件事我要叮嘱你：第一，你不可信耶稣教。第二，你不可剪辫子。"

辜鸿铭似懂非懂，却牢记于心。

一路巨轮滚滚，浪花飞溅。漫漫旅途的终点，是与那个沉闷燥热、带着原始气息的南洋小岛迥然不同的发达国度，日不落帝国——英国。这里是资本主义世界的头牌帝国，几乎浓缩了当今世界最先进的思想和理念。

当时，全球人口的1/4，即4亿～5亿人，都是隶属于大英帝国的子民。英国的本土和它的殖民地，占到了全世界陆地总面积的20%，约有3000万平方公里。从英伦三岛到冈比亚、纽芬兰、加拿大、新西兰、澳大利亚、马来西亚、香港、新加坡、缅甸、印度、乌干达、肯尼亚、南非、尼日利亚、马耳他及无数岛屿，地球上每个时区均有英帝国的殖民地。当时的国际秩序，被称为“不列颠治下的和平”。英国出版大英帝国全球地图时，还用红色将帝国的殖民地标出，庞大帝国的势力几乎破纸而出。

1867年，辜鸿铭随布朗夫妇来到布朗先生的故乡，苏格兰故都爱丁堡这座古老的都市。

爱丁堡位于英伦三岛的苏格兰，曾是苏格兰王国的首都。这里人才辈出，曾有哲学家休谟，小说家司各特，经济学的鼻祖亚当·斯密，小说家柯南道尔等著名人士。不同于一般的英国城市建在河川流域，爱丁堡坐落在几座小山丘环绕的丘陵上。中心是一座有城堡的山岩，有陡峭的断崖，有万丈深谷，周围的山冈分布着点点或碧或蓝的湖沼，各式古老建筑物配合着山冈的起伏，创造了自然与人工合成的绝妙胜景。

人们常喜欢称爱丁堡为“北方的雅典”，因为它与希腊的雅典城外观很相似。从城里眺望苍翠的卡尔顿山，可看到帕特农神庙式的多柱式石头建筑物，这原是为纪念在拿破仑战争中死难的苏格兰人而建，后因金钱不足，而只建了廊柱，更易使人联想到雅典的帕特农神庙。

年少的辜鸿铭在惊叹于西洋城市瑰丽莫测的同时，迈上了他的求学之路。

古人云：欲穷千里目，更上一层楼。爱丁堡之于辜鸿铭，便是人生的第一层楼，在漫长的求学之路中，不断地向上攀登，是他最重要，也是唯一的使命。

少年逢名师

古语云：九言劝醒迷途仕，一语惊醒梦中人。生逢名师，大抵便会有如此澎湃的效果吧。可幸得指点迷津之人，又能在历史的尘埃中留下足迹的，能有几人呢？名师难寻，不世出的人才更加珍稀。

年迈的布朗先生，对辜鸿铭的天赋毫不怀疑。在布朗先生的规划中，学习务必要从文学开始，若想学好文学，就必须熟记弥尔顿、莎士比亚、歌德笔下的巨著。

辜鸿铭接触的第一本巨著，是弥尔顿的《失乐园》。这部诗篇，辜鸿铭一生总共背了五十余遍，每次稍有忘记，他就反复诵读，直到完全能背诵为止。

弥尔顿遭遇双目失明的厄运，依然以惊人的毅力完成《失乐园》《复乐园》等伟大诗篇。不屈不挠，辩才犀利，穷困潦倒……弥尔顿的人生化为数个符号，深深烙在辜鸿铭的记忆中，晚年潦倒的他就时常吟诵弥尔顿的句子："人类最初违反天神命令而偷尝禁果，把死亡和其他各种各样的灾难带到人间，于是失去了伊甸乐园……为什么我们的始祖，在那样的乐土，那样得天独厚，除了那唯一的禁令以外，他们俩本是世界的主宰，他们竟背叛而自绝于他们的创造主……"

在义父设计好的墙堡中，辜鸿铭坐拥书城，醉心汲知，熟读了弥尔顿、莎士比亚、歌德等人的文学著作，文学功底由单薄逐步渐变到厚重，心底的知识空缺也由此得以填补。在义父考核他的时候，他总结性地归纳出了这些名著的点睛之处。他说："莎士比亚的作品中，憎恨分明，清晰地反映了现实生活的现状，体现了作者思想性及艺术性的高度统一，语言形象生动，言辞恳切，引人入胜，色彩鲜明，是非清楚，一目了然。而歌德的作品中讽刺意味居多，以辛辣的文笔抒发着自身的情感，以大自然的壮丽辽阔作为背景，展开人物故事的叙述，堪称浪漫主义喜剧的绝笔。但莎士比亚的作品容易理解，而歌德的作品却意味深长。"

他又与布朗谈到科学知识与文学的关联，说："科学知识是物质世界的变化规律，越研究，越细密；越细密，越清楚。文学的知识是精神世界的变化动态，越研究，越渺茫；越渺茫，越糊涂。我看浮士德算不上好人，上帝不该派天使来救他。至于文学词句的深奥、难解，与科学词句的简明、易懂，差别就更大了。"

布朗听着义子辜鸿铭的解读，很是欣喜，于是拿出了一本纸张略微泛黄、珍藏已久的《法国革命史》递给了辜鸿铭。他说："这本书一定要好好阅读，因为他的作者是爱丁堡大学的著名学者卡莱尔，读完了它你会有更多新的体会，也许等你考上了大学的时候还会用到。"

辜鸿铭认真地接过这本书，专心地读了起来。那时的他，宛若一只饥渴难耐的雄鹰，栖息于一个池塘边，贪婪地吮吸着所需的水分。

不久之后，辜鸿铭凭靠优异的成绩被爱丁堡大学文学院录取。

爱丁堡大学创立于1583年，在苏格兰的众多大学中，历史不算悠久，然而却以它的传统而自豪。校址在旧市区的张伯斯街，主要校舍是乔治王朝式建筑物，建于爱丁堡的黄金时代。春夏之际，校内的空地绿意融融，似被青纱笼罩，飞鸟啁啾不绝于耳。

爱丁堡大学是个群英荟萃、人才济济的地方，也是很多名人学者的母校，进化论的创始人达尔文、小说家司各特都毕业于这里。而卡莱尔——即《法国革命史》的作者，当时便是这所大学的校长。

这座著名的学府，保持着浓厚的思索之风，始终以它杰出的精神奉献杰出的思想。

辜鸿铭带着对真理世界的思索和迷惑，来到了爱丁堡大学，布朗先生领着他拜见了卡莱尔。卡莱尔一生著作等身，尤其热衷批判资本主义世界，以一个刻薄的批评现代化的学者姿态知名于世。

懵懂的辜鸿铭，惊喜地注视着眼前这位耳闻已久的老人。他在心里背诵着《法国革命史》中的句子，这部书一直是他最爱读的。

卡莱尔吩咐自己的女儿为两位客人端上了咖啡，上下打量了留着辫子的辜鸿铭一番后，便开始了他的侃侃而谈。

“年轻人，从你的穿着中不难看出，你是一个传统的中国人，但你可知道，你们的国家为什么会走到今天的地步吗？我想，不仅源于落后，更主要的是你们的国人需要一个正确的指引方向的思想，而这个思想就是民主思想。可惜据我所知，这种思想在你们的国家暂时是行不通的。就像这种思想传到法国后掀起了法国的革命热潮，可那转瞬即逝的热情燃烧过后，并没有从根本上解决问题，所有的人都缺乏革命的精神。

“如今的资本主义时代，似乎还是有药可救的，如同林肯解放了黑奴，一切都在稳中求发展，看起来都在往好的方向靠近。人类的进步在填补着过去偏见思想的缺口，有一天，社会主义、共产主义终将会占据主导地位，也许它们会成为取替民主思想的胜利者。可惜，我只是一个年迈的文人，空有思想，却无力去改变什么，想去革命，却力不从心。虽然我的文章中总是会体现出疾恶如仇的情绪，却想不出这样的世界现状到底该用什么方式来画一个圆满的句号。也许是一场战争，也许是其他，我也在纠结。所以才选择写了那本《法国革命史》，以供后人借鉴，若遇到了有能力去革命的人，还可以多走些捷径。”

卡莱尔说得心潮澎湃，激动不已，他一股脑地向辜鸿铭倒出了心中深藏的感触。片刻，他才把目光完全注视在辜鸿铭身上，又对他说：“年轻人，我希望你不要被眼前的世俗所迷惑，更不要被这嘈杂的混乱所左右，你要在这样的时刻更加用心去体会、去感受那出淤泥而不染的洁净与美好。美好的东西总会突显出肮脏的本质，没有鲜明的对比，就没有天堂地狱之分。我的意思你会懂的，对吗？”

说到激烈之处，卡莱尔蓝色的眼眸炯炯地注视着辜鸿铭，似要迸溅出烈焰一般。这一番肺腑之言，听得辜鸿铭如醍醐灌顶，他充满感激地点着头。

应该说，能遇到卡莱尔，是辜鸿铭人生得以改变的一大诱因，在漫长的岁月流逝中，卡莱尔的思想精神带给了辜鸿铭以触动灵魂般的震撼。

转眼间，辜鸿铭便开始了在爱丁堡大学的正规学习。卡莱尔因为年事已高不便讲课，一切本该他讲的课程都由他的女儿代授。课余期间，辜鸿铭经常会到卡莱尔家中拜访，听他的批判及理念，受益匪浅。而卡莱尔也对这个特别的中国学子非常的赏识。也许，就在那个时候，卡莱尔的思想、批判、刻薄、锋芒彻底灌注到了辜鸿铭的骨髓里、灵魂里，使得日后的辜鸿铭有着凌驾于时代的大思想、大视野、大格局。

在爱丁堡大学，辜鸿铭就像一株扎根于知识旷野的劲草，潜心钻研，接受真理的磨砺。

后来，辜鸿铭谈到这一段求学经历时曾大发感慨：

“学习希腊文、拉丁文，我不知哭了多少次。开始教多少，背多少，不觉得困难。可后来，自己开始读希腊文、拉丁文文史哲名著，就不行了。我坚持背下去，说也奇怪，一通百通，像一条机器线，一拉开就拉到头。后来，不但希腊文、拉丁文，就是其他各国语言、文字，一学就会，会就能记得住。人人都以为我聪明，其实呢，主要还是坚持困而学之的办法。久而久之，就掌握了学习技巧，达到不亦乐乎的境地。旁人只看到我学得多，学得快，却不知道我是用眼泪换来的！有些人认为记忆好坏是天生的，不错，人的记忆力确有优劣之分，但认为记忆力不能增加是错误的，人心愈用愈灵，困而学之，民斯为下矣！”

心中常念国

漂泊在异乡之人，常感心若蓬草，无处归依。而夜阑人静时，念起故国来，便会觉得这身心还是有根可寻的，此时便会觉得，心怀故国，遥远地思念，是一件多么幸福的事。

异国求学，幸逢名师，让辜鸿铭得到了精神、思想的巨大满足，然而，他身负的重任却时刻鞭策着他“勿忘国耻”，救国的澎湃热情，让他更加坚定了知识改变国貌的决心。

加之卡莱尔多次向辜鸿铭表示，他喜欢中国的古典文化，因此，彼时的辜鸿铭，似乎可以找到一个“救国良机”了，那就是祖国的文化。越想越觉得不会错，延续数千年的文化，积淀到如今的精髓，必是使国家富强的关键所在。

在卡莱尔眼中，中国人是世界上最聪明的群体，甚至连中国的科举选拔人才制度，都让他觉得是中国人智慧的体现。比卡莱尔更加欣赏中国文化的爱默生，则对儒家的文化情有独钟，他崇拜孔子的全部理论，并称孔子为“美国的孔子”。在他心里，孔子是名副其实的圣人。

而爱默生和卡莱尔只要谈到西方的政治，或者是物质的文明，就会吹胡子瞪眼睛，刻薄地狠批一通，这些与他们酷爱中国的传统文化形成了鲜明的对比。他们作为一个地地道道的欧洲人，可以直抒胸臆，无所顾忌地批判自己熟悉的生活和所处的一切，勇气令人钦佩。而他们对中国几千年的传统及文化的赏识，又让辜鸿铭感到了万分的惊讶与安慰，故而更为身为一个中国人感到无比的自豪。

曾有人说，辜鸿铭就是“极热烈之爱国主义者”，这话总结得一点儿不错。身在异乡，他却是豪门的义子，虽然过着养尊处优的贵族生活，又有一张混血的面孔，但长辫子的外表特征，掩饰不了他的东方习俗，自然也免不了成为欧洲人鄙视的对象。久居国外，荣辱记于心间，可他始终谨记父亲教诲，不忘自己的“中国人身份”。

只是，从小在国外长大的辜鸿铭，对自己祖国博大精深的悠久文化了解得还是略显匮乏。中国，这个熟悉的名字是那样的亲切，而他却总是谦虚地觉得，当下的自己只是徒有一副中国人的皮囊和辫子，而距离一个优秀的正牌中国人还差得很远。

有必要说说这条伴随了辜鸿铭一生的、他最宝贝的辫子。在英国这个白种人主宰一切的地方，留着中国式的传统长辫真的为辜鸿铭带来了不少麻烦。据说，有一次他在上厕所的时候，被人生拉硬拽地推出了男厕所——人家让他上女厕所，认为他的辫子是女人的象征。其实这一切都是那些傲慢的白种人戏弄人的恶作剧，他们不过是想当众羞辱一下中国人罢了。

这件事过后，辜鸿铭并没有像其他的留洋学子一样减掉一头长辫，而是在心里狠狠地记下一笔欧洲人欠他的账。后来，每当辜鸿铭提及欧洲人便跺着脚言辞恶毒地批判他们，与他脑后的宝贝辫子不无关系。

有趣的是，这样一个固执地捍卫祖国特有形象的爱国主义者，最终还是没能过得美人关，弄丢了宝贝辫子。辜鸿铭晚年时，胡适就曾揪住这一点批判他的保守主义。

那时，他的隔壁搬来了一位貌美如花的英国姑娘，经过多次接触，二人总是聊得很开心。一天，这位品味独特的姑娘向辜鸿铭提出喜欢他的长辫，希望能送给自己。佳人开口，辜鸿铭这个风流倜傥的才子怎忍拒绝，于是毫不犹豫地举起剪刀，“咔嚓”一声剪掉了过于腰际的长辫，当作玫瑰花般慷慨献出，将父亲的嘱托全然抛在了脑后。古有才子为佳人一掷千金，辜鸿铭则一辫博佳人一笑。对女人没有抵抗力，在日后的生活中，辜鸿铭将这一点发挥得更是淋漓尽致。

没了黑亮的辫子，脑袋既轻松又空落。不过辜鸿铭并无丝毫悔意，他觉得脑后的辫子没了可以再留，精神上的辫子永存才是关键。只要那根逝去的辫子存在于自己的思想中，就可以坦荡地继续生活。

身在异乡为异客，潜心学业的辜鸿铭，时常觉得思乡情愁涌心田。身陷英国的繁华盛世，他越发感到自己是个东方人，这里不属于他，那片遥远神圣的东方大地，才是他一生的归宿。

每逢祖国传统佳节，他总是要设下供案，备置酒菜，遥祭祖先，跪倒于案前，三跪九叩，恭敬如仪。

有一次，辜鸿铭正为先祖行礼叩拜寄托相思时，被经过他门前的房东太太瞧个正着，她竟讽刺地问辜鸿铭："喂，小子，难道你这样认认真真地叩拜，你的祖先就会到这里来享用这些酒菜吗？真是太天真了。"听到了这样大不敬的话，辜鸿铭顿时怒火中烧，唯有回击一番才能解心头之恨。于是他讥讽而不失幽默地答道："想来，你们到处给你们的祖先奉上鲜花，他们该嗅到了鲜花的芳香，而笑容四溢地来找你们了吧！"辜鸿铭的反问让房东太太瞠目结舌，只好无言知趣地离开了。

辜鸿铭总是以一个局外人的姿态冷眼旁观着白种人的世界。他暗暗发誓，要用西洋人的东西来回敬他们、驳倒他们，让他们哑口无言。所以，他要狠狠地研究他们的文化。他要用唇枪舌剑，用精神去战胜西洋人。他一直在期待着，用自己的方式，找到一泓清澈的心泉，让那些愚蠢的洋人洗净自己的骄傲，展露出人性的丑陋本质。

另一次，辜鸿铭要去市立图书馆，在等车时随手买了份报纸。坐上车后，他便展开报纸阅览，感到周围的几个英国佬正对他指指点点、暗自嘲讽。看着看着，他瞥了那些人一眼，竟优哉地将报纸颠倒过来，继续看得津津有味。

几个英国佬交头接耳，乐不可支："快看这个土冒，根本不懂英文，倒着看居然还能装出一副煞有其事的样子。"

辜鸿铭毫不在意地任对方放肆嘲弄，等这些人尽兴了，才操着一口流利的英语说：“英文这玩意儿太索然无趣，翻来覆去26个字母，不倒过来看，简直没有意思。”

英国人没想到这个中国人居然会说一口流利的英语，个个面色发窘，灰溜溜地走开了。

由此可见，辜鸿铭非凡的舌辩天赋早在学生时代便已初露锋芒。此般犀利的嘴上功夫，日后更如雨季的大河决了堤，一发不可收拾。只要关乎明嘲暗讽这等趣事，他总是最兴致勃勃地冲在最前面。

此时的欧洲早已不容小觑，让东方人不得不在意起这些“西洋鬼子”来，日本的上层人物也开始前往西方，其中最为世人所知的便是伊藤博文。

早在19世纪70年代，伊藤博文就来到英国学习海军建设。不久，1877年，严复也来到英国，同样是学习海军建设。

两人曾在伦敦相遇，眼界非凡的伊藤博文十分佩服严复的学问，可以说是五体投地。二人学有所成后，各自归国报效祖国，命运轨迹的戏剧般之不同，早已为世人熟知。伊藤博文带领日本走上扩张、强盛之路，而严复则郁郁不得志，只做学者。相传，他们二人曾与辜鸿铭同班，辜鸿铭的学习情况要比他们好，他是全校第一名。

1877年，辜鸿铭远在槟榔屿的父亲辜紫云因病逝世，不过辜鸿铭却是最后一个得知此事，全因家人的一片苦心。当时，辜鸿铭毕业在即，他的家人致信布朗先生，百般叮嘱此事务必要保密，不要告诉辜鸿铭，让他圆满完成学业，免得他得知父丧而辍学回去。

最终，辜鸿铭圆满完成学业，获得了爱丁堡大学的文学硕士学位。随后，他马不停蹄，顺从义父布朗的安排，开始向另一段求学生涯迈进。身在异乡，心系故国，灿烂而饱受折磨的祖国，是辜鸿铭的灵魂之火，是永不衰竭的力量源泉。

旅学遍西洋

在布朗先生为辜鸿铭所做的规划中，成大才需先学文学，拥有哲思；后学理学，把握工具。而此时的辜鸿铭，早已精通西洋文史，有了文化底蕴和思想。

带着多年所学之积淀，在义父布朗先生的安排下，辜鸿铭开始了全面的发展。他已有了改变世界之思想，现在摆在他面前的，是可以改变世界的工具——科学。

辜鸿铭的第一站，是当时科技水平最为发达的德国。

二十出头的他满怀兴奋地来到了德国腹地城市——莱比锡，攻读莱比锡大学的土木工程。由于在英国时期的学习为辜鸿铭奠定了良好的基础，加之他能够说一口地道的德语，故此听课就成了简单的事情。此外辜鸿铭的理科成绩原本就很突出，学习起土木工程，可谓举重若轻，不在话下。不到一年的时间，他就轻松地拿到了土木工程师的文凭。

辜鸿铭对于管理课余时间很是在行，他留意观察社会状况，精研德国文学、哲学典籍，这为他日后在德国人中获得极高的崇敬奠定了基础。辜鸿铭在德国的地位略作举例便可知一二：第一次世界大战后，德国学界不知道辜鸿铭的寥寥无几，无数学者、学生将辜鸿铭的著作视若珍宝，通篇诵读直至滚瓜烂熟，不然与他人讨论起东方文化时，张不开嘴，说不上话。

完成了莱比锡大学的学业后，布朗先生又让辜鸿铭前往巴黎，学习法语和生活中的人情世故，旨在提升他的交际能力。

巴黎，是辜鸿铭盼望已久的城市，他一直梦想着来到这里领略不同的风土人情，见识上流社会的优雅，体会名人背后的沧桑。

19 世纪的巴黎，如一个浓艳的交际花，是众多文人墨客笔下的宠儿。它的外观恢宏、雄伟、高大，角落里却潜藏着冷漠和荒诞。将巴黎看得最透彻的，便是雨果，所以他能写出《巴黎圣母院》《悲惨世界》等旷世名著。

辜鸿铭迫不及待地动身，前往巴黎与布朗先生碰面。布朗先生带他坐上马车，向巴黎大学附近的一幢公寓而去。

这是一所高档优雅的公寓，布朗先生早已在此为辜鸿铭租好了房间。到了门口，房子的主人出门迎接，极其热情。只见眼前的女人仪表端庄，风韵犹存，步履轻盈，体态优雅，任何一个角度都渗透高贵。那女人看见辜鸿铭后，对布朗先生莞尔一笑：“我愿意和他做邻居。”说完飘身而去，幽香暗袭。

布朗先生告诉辜鸿铭，这个女人是巴黎有名的妓女，而她风情万种的外表就是生活的资本。辜鸿铭惊讶地反问道：“为什么要让我和她住隔壁呢？这样恐怕不好吧？”

布朗先生严肃地回答：“你已步入社会，不再是一个简单的学生了。我希望未来的你会是一个不失文雅的绅士名流，这样才能更好地改变世界。”。

看着辜鸿铭一头雾水的样子，布朗先生接下去说：“知道吗？出入这里的，都是上流社会的精英，都是些学者、富豪，甚至是有权有势的高等官员。那些看似可以征服世界的男人们，却会被一个有魅力的女人所降服。在无数个纸醉金迷的夜晚，那些所谓的名流，会一次次地醉倒在这个女人的裙下。那一刻才是他们人性本质的体现，那些丑恶的嘴脸才会告诉你什么是人生。以后你在这里可以和这个女人多接触些，她所知晓的，是你在学校里永远学不到的东西。”

辜鸿铭理解义父的良苦用心。从高等学府所获的知识可以填充头脑，社会则可以开阔眼界，尤其是一些看似华丽、纸醉金迷的角落。这些角落就像放大镜，可以将眼前的社会放大无数倍，让他看清世态百相。

随后的时间，辜鸿铭随着布朗先生四处游逛。巴黎，这座让人心旷神怡而又不失浪漫的城市，如同一幅瑰丽的画卷，缓缓在辜鸿铭眼前延展开来。琳琅满目的衣饰、珠宝、香水，街边的咖啡店，人们流光溢彩的外表和时髦的内容更让人好奇不已。这一切，都让人如痴如醉，不由得驻足停留。

巴黎圣母院、埃菲尔铁塔、塞纳河，都为这座花都增添了耀眼的光芒。辜鸿铭身处其中，无时无刻地感受着它的壮丽和自身的渺小。思及心心念的故国，正遭受着几千年来前所未有之苦难，不由得心生落寞，思绪如潮。巴黎，巴黎，胜似地狱的天堂！置身其中，属于它的人欢欣喜悦，为它销魂；不属于它的人，只会更加迷惘，无所适从。

布朗先生将辜鸿铭的生活安置妥当后，便返回了英国，留下他一人去了解所谓的“人情世故”。

辜鸿铭打开了卧室的窗户，观望着这座繁华背后略带肮脏的真实浪漫之都，心中思绪翻涌。他的眼前又浮现出父亲口中的祖国，那个内敛而委婉的君子之国。

初到巴黎，辜鸿铭除感孤独以外，只觉得无处可去，只好把自己关在房间里看书，以此来消磨闲散的时光，如此度过了一周。

这天，那个高雅的名妓敲开了辜鸿铭紧闭的房门。刚进门便告诉他："这几天我这里来了很多政治人物，他们原本想要拜访你，但我觉得你是个不涉及政治的人，就直接回绝了。现在一个巴黎大学的教授来了，听说你是卡莱尔先生的弟子，特来看望你，希望你能见见他。"

辜鸿铭礼貌地接待了这位素未谋面的老者。

老者坐定，在简单地打听了卡莱尔的近况后，说出了自己此行的目的。

"原本我是想过几日再来的，但是身体状况与日俱降，如若不来，真怕没有机会了。我这一生有两个未了的夙愿，一个是想写一本有关社会主义和共产主义的著作。其次是崇拜你们中国的《易经》。而我对中文毫无研究，阅读的都是翻译的版本，只能了解皮毛，很是可惜。至于我理想中的著作，因为那只是想象中的境界，并无实际体验，因此未曾动笔，我不想像那些无知的文人一样处处露怯，又失了本质。此行很想请你抽空去我家中做客，帮我翻译一下那些我没看懂的《易经》内容，我们还可以交流一下，等你回国后也许还会派上用场。"

老者说完，便礼貌地起身告辞了。辜鸿铭回想着老者的话，期待着改日的交流。

不久后的一天，辜鸿铭受到了那位拜访过他的老者的邀请，去他家翻译文章。辜鸿铭叫上了几位频繁与他接触的诗人，一起来到了老者家中。在那里，他首次为众人翻译了《愚公移山》和《桃花源记》，这让老者大开眼界。

老者认为，当前世界的战争形式就如同愚公移山中写到的一样，要想战胜侵略者，唯一的方式就是学好科学，祖祖辈辈齐努力，终会有成功的一天。

老者的话，激增了辜鸿铭的信心。

自1842年的《南京条约》开始，清朝已经签下数十条不平等条约:《望厦条约》《黄浦条约》《天津条约》《北京条约》……诸多狼子野心的侵略性国家一齐撕咬着中国这块儿肥肉，就连日本如此芝麻小岛，对中国亦是虎视眈眈。辜鸿铭的心愈加悸动，他开始犹豫起来：是否该回到那个令他魂牵梦萦的祖国?

举棋不定之际，他再一次来到老者家中。得知了辜鸿铭的来意之后，老者语重心长地说:“欧美之文史、科学你已兼通，巴黎于你已是无用之地，中国之危难迫在眉睫，回去吧。”

辜鸿铭听从了老者意味深长的建议，准备离开巴黎，先回家乡，去填满心中陡然出现的一块空白。

巴黎的短暂生活，让辜鸿铭领略到了人类灵魂深处的空虚和虚伪，看似繁华的一切，暗藏着无数慵懒的罪恶。这让辜鸿铭看透了欧洲人的“丑陋”，日后谈起西洋的人情世故，他总要恶狠狠地以唇枪舌剑抨击一番而后快。

斗转星移终还乡

他乡遇知音

1878年，辜鸿铭回到了出生地南洋。此时是清光绪四年，同许多留洋的学子一样，他西装革履，留着中分头，远远望去，已找不到当年那个青涩少年的踪影，取而代之的，是一位学识渊博、风度翩翩的绅士。

对他期望甚高的辜紫云早已驾鹤西归，空留坟前的墓碑矗立于荒草丛中。想到自己没能见得父亲最后一面，辜鸿铭不禁悲从中来。

是时，家中的一切早已显出一派崭新的迹象。父亲曾经经营的胶园，已经换成了哥哥在掌管。

在家悠闲了不多时日，辜鸿铭再次忙碌起来。因为才学丰富、知识广博，对欧洲的诸多事情了如指掌，他深得英国殖民地政府的青睐，被委以公职，赶赴新加坡。

新加坡的工作对于辜鸿铭来讲，实在有些大材小用。那段时日他过得优游自得，每日叼着烟，用各国语言与外国人交流，日子过得真是优雅自在。如果不是遇见了马建忠，他大概会在这份美差上消耗一生，而不会成为那个令无数后来人津津乐道的怪杰辜鸿铭了。

马建忠，一个中国近代历史上家喻户晓的传奇人物，其通学西方文化，有深深的爱国主义情怀。自幼通读中国传统史经，对古诗文别有一番研究，诗词歌赋样样出色，加上自身思想糅合了中西方文化，造就了他这个谈古论今、汇通中西的新式才子。

马建忠，出生于江苏丹徒，是《文献通考》作者马端临第二十世孙，年轻时即开始研究西学。马氏一门三兄弟，个个出类拔萃；长兄马建勋，淮军粮台，中国第一位神学博士；三弟马相伯，1912 年，中华民国成立以后，马相伯曾任江苏都督府内务，早年任徐汇公学校长，后创办复旦大学，曾任北大校长。这三个非同凡响的兄弟，皆是天主教徒，受西学影响极深。

幼年的马建忠曾就读徐汇公学，从小学习中国传统经史，五岁就参加科举考试。1876 年，马建忠奉朝廷指派赴法留学，并担任使馆译员。学成归国后，入李鸿章幕，主办洋务，曾去印度、朝鲜处理外交事务，是一名了不起的外交家。他汇通中西，著有《适可斋纪言纪行》《马氏文通》等作。

马建忠只是从法国归来途经新加坡，在此略作停留。尔时，辜鸿铭正叼着烟，心不在焉地整理着各式文件，同事兴冲冲地找到他说：“来了个中国官员，叫马建忠，说是刚从法国留学回来的。”

辜鸿铭自文件中抬起眼皮，吞云吐雾地说：“有这事？我在法国时就知道他，只是一直未能如面，这回可得去瞧瞧。”

如果不是受好奇心的驱使和对祖国的一份憧憬，他可能就此错过了最为关键的人生片段。

马建忠给辜鸿铭的第一印象，便是传统和端正，且极其肃穆。辜鸿铭见到马建忠时，马建忠正穿着大清官服，顶戴花翎，器宇不凡，一丝不苟。放眼望去，与那些留学欧美回国的人格格不入。这种十足的“官府相”，极大地满足了辜鸿铭对祖国官员的好奇。

马建忠看到一副绅士派头的辜鸿铭时，只是两拳相抱，彬彬有礼地致以中国传统礼节，随即便打听辜鸿铭来此的目的，并命人奉茶。茶，是正宗的中国茶，清香四溢。辜鸿铭不住打量着马建忠，被他身上的“国韵”深深吸引。

辜鸿铭简单做了自我介绍，便直入主题：他是生在南洋，留学欧美，在此办公的中国人。而流着中国血的他，多年崇拜着自己祖先的文化，却苦于无人指点迷津，只是略知皮毛而已。他很想得到进一步的探究，得知马建忠来此，故来拜访，以求讨教。

听到辜鸿铭的肺腑之言，马建忠心中欢喜，轻啜一口香茗，悠悠道来：“中国历史源远流长，上下五千年的文化，不是朝夕之间就能学成的，不过大抵的精髓也就是儒家派和道家派的二者融合。如果能掌握这两派的精粹，就会茅塞顿开。但是这一切都需要身临其境，身在中国、耳濡目染，胜过读书万卷。

“中国的精深文化，鹤立鸡群、经久不衰、超越种族，更不会因地制宜，正因为中国人可以把文化与信仰归为一体，把文字和语言团结在一起，才可能堪称‘海内存知己，天涯若比邻’的理想境界。

“传统的中国人因受到儒道思想的影响，凡事顺其自然，不苛求改变，而是在自然的改变中将自己与世界达成共识，无论是耕耘劳作或者是嬉戏休息，都要顺从天意，无论是交谈学术还是赏析字画，都要从闲散中体会快乐。不会妄自菲薄，只是略显含蓄，不像西方人狂妄自大，这也是很多欧洲人不能欣赏中国学术的原因。

“如今的中国，因为关闭了国门，想远离喧嚣，可结果只是导致了落后和衰败，这是中国过于自保的失败与悲哀。现在中国混乱一片，失去了原本的融洽与和谐，洋人仗势欺人，肆意地伸出肮脏的拳掌分割着我们传承多年的土地及经典的文化遗产。因此我们留洋学习他们的强大，来弥补这个古老的国家欠缺的不足，完善它的缺失，重振国威。

“听你的谈吐，得知你也是位有志之士，你又精通欧洲的文化，为何要安逸于此处呢？如果你肯在此时尽力救国，日后必成大器。如果每一个像你一样的人都能尽一己之力，那我们泱泱大国的再度兴盛岂不是指日可待了吗？”

马建忠的一席话令辜鸿铭五脏六腑为之震动，一字一句，毫不手软地敲醒了他沉睡的梦想。这宛若甘露般的点拨，使辜鸿铭敞开了心扉。他终于找到了自己该有的位置：他太了解洋人了，他要精研祖国文化，用自己引以为傲的文明，和对他们的了解，给他们以痛击！

辜鸿铭与马建忠一见如故，二人废寝忘食，长谈持续三天之久，直到马建忠必须离开时，辜鸿铭才意犹未尽地同他道别。面上，他还是那个洋气的“海归”才子，内心却已产生了天翻地覆的变化。

在马建忠离开新加坡之后，辜鸿铭做了一个英明的抉择：辞职返航。

再度回到槟榔屿后，辜鸿铭换下了一身洋装，又留起了辫子。

辜鸿铭的母亲见状极为惊讶，不禁问道：“你这是要做什么？怎么一反常态？你是个混血儿，你只是一半的中国人。”

辜鸿铭回答：“就是因为这样，我更要先把自己从里到外变为一个正宗的中国人。我要读古典的中国书，吃中国的饭菜，讲中国话。牢记自己的中国人身份是当前最重要的事，我现在才明白父亲的苦心，从此以后，我要做纯粹的中国人。”

辜鸿铭果然雷厉风行，开始用各式中国典籍喂养自己，力求做纯粹的中国人，心急得像个孩子。

炎黄子孙、身负重任，学遍西洋得一身本领，必用于报效祖国。一封辞书，宣告着辜鸿铭的重生，也彻底改变了这位逆世怪杰的一生。

非“中式”不娶

对于聪明绝顶的辜鸿铭而言，钻研典籍并非艰巨之事，而是充满了乐趣。不过，饱读诗书并不是他的当务之急，婚姻问题才是头号大事。

中国人讲究先成家，后立业，家庭可以使男人更具责任心与使命感。辜鸿铭的母亲虽是金发碧眼的西洋人，可也通晓男大当婚的中国之理。作为女人，她关心儿子的婚事远胜于关心他的理想。

然而，辜鸿铭对此毫无兴趣，一副“两耳不闻窗外事，一心只读圣贤书”的态度，对踏破门槛的媒人不理不睬，只顾扎进书堆摇头晃脑。

辜鸿铭的母亲忍不住动气：“你也老大不小了，人家帮你说媒，你却眼皮都不抬一下，你到底想讨个什么样的老婆？”

辜鸿铭则不紧不慢地说出了他的择妻标准：“妈，我的妻子必须是纯正的中国传统女子，因为我要做纯粹的中国人嘛。”

辜鸿铭的母亲是洋人，虽然对中国文化有所了解，却也想象不出什么样的中国女子才算是“纯正”，便问道：“附近中国血统的女孩多得是，什么样才算符合你的标准？”

辜鸿铭解释说：“须是大家闺秀，贤良淑德，不用很有文化，但要三从四德，能容忍丈夫纳妾，最好还能帮忙打点聘金嫁妆。外表要赋有古典美，柳眉秋波一样少不得，小脚细腰，大门不出二门不迈，还要柔情似水，让人有怜香惜玉之感……其余的，暂时还没有想到。”

可见，马建忠的话当真在辜鸿铭的脑袋里生根发芽了，令其在娶妻上亦是有如此倾向。在辜鸿铭看来，娶个中国传统女人，便能从了解大家闺秀开始，进一步了解祖国文化。

看着固执的辜鸿铭，母亲也只好随他。辜鸿铭深信，重洋外中国的锦绣山河间，必会有一符合他条件的完美女子，正羞答答待字闺中，等着与他相逢！他只需等一个去中国的机会罢了。

1882年，一支英国探险队路过辜鸿铭的老家槟榔屿，要在这里招几个翻译，前往中国、缅甸。得知这一消息后，辜鸿铭兴奋不已，他知道自己终于有了可以前往中国的机会。简短的面试过后，他如愿以偿地留在了这支队伍中。只是，有些单纯的他，只顾着憧憬中的祖国，和那个还未相识的待字闺中的小姐，却忘记了这是一支探险队。

当探险队的队员计划着翻越丛林、山谷、险滩，为探险梦而不惜付出生命的代价时，辜鸿铭感到了恐惧，他并不是来玩命的，他还要留着性命去学习中国文化，娶“中式”女子呢！

略作思考后，他毅然提出辞职，一个人回到香港，暂时留在那里。

香港，是辜鸿铭深思熟虑后暂定的归处。是时，香港早已成为了英国的殖民地，经常有英商往来于此，精通英语的辜鸿铭在这里不仅可以获悉中国内地的局势动态，也可以同洋人交流。

在港期间，辜鸿铭阅读了大量中国古典书籍，其中的精华养分慢慢注入了他的脑海，他也曾大叹：“道在是矣！”

但更重要的是，辜鸿铭心心念念的古典女人，也在此时悄然踏入了他的生命。

这年，辜鸿铭 28 岁。

一次偶然，辜鸿铭结识了时任广州候补知府的杨玉书，此人非常欣赏辜鸿铭的才学，想到眼前正值朝廷用人之际，便托人先找到了两广总督张之洞的幕僚赵凤昌，通过他再向张之洞推荐了辜鸿铭。张之洞得知后，立即决定将辜鸿铭聘来任职，并派赵凤昌亲自去迎接。从此以后，辜鸿铭的远大抱负得以逐渐施展。

一日，正赶上赵凤昌刚送走了回老家的家眷，路遇辜鸿铭，就邀其一起去喝酒，刚走没几步，又碰上了同在张之洞手下为官的梁鼎芬，便叫上一同奔向酒楼。

到了酒楼，三人落座，一边点菜，一边闲聊。赵凤昌和梁鼎芬作为辜鸿铭的同僚，自然关注他的婚姻问题，于是赵凤昌先开口问道：“鸿铭老弟，你怎么还不成家？按说凭你的条件和才华，找个老婆轻而易举，是不是你太挑剔了？你到底想找个什么样的女子呢？”

还没等赵凤昌说完，梁鼎芬就迫不及待地抢着问：“你该不会是世面见得太多，看破红尘，打算光棍一生吧？还是另有原因？”

辜鸿铭笑着刚要回答，就听不远处传来了一个中年妇女的声音。

“哎哟，辜爷，总算是叫我找到你了。您托我找的人我是跑遍了大半个城，总算是帮您物色到了，绝对合您的心意！”说罢，这妇女就走到了眼前。

她这一句话，立刻吊起了辜鸿铭等人的胃口。赵凤昌和梁鼎芬也恍然大悟，原来这妇女就是辜鸿铭为张罗自己的婚事找来的媒婆。

闻言，辜鸿铭眼睛冒光地问：“跟我说说，是怎么个符合法？放心，你要是帮我把这事说成了，决不会亏待你。”

媒婆得意地扫视一周，娓娓道来：“人家是一等一的闺秀，大门不出二门不迈，整日于闺阁中刺绣、弹琴，生得眉目如画，作态温柔娇怯，更主要的是，她可是有着您梦寐以求的裹足小脚，怎么样？辜爷，这个够符合您的标准了吧？”

辜鸿铭一听，不禁眉开眼笑，合不拢嘴。在赵凤昌和梁鼎芬二人的催促下，辜鸿铭打算先去一睹佳人真容。

两天后，正赶上这位姑娘家中为老祖母大摆寿宴，媒婆逮住机会，带着辜鸿铭混入了人头攒动的宾朋之中。等不多时，只见一位姑娘扶着老人走上了正位。这位姑娘就是被媒婆夸上天的大家闺秀，淑姑。

姑娘刚一露面，就抓住了辜鸿铭的眼球，他不自觉地对媒婆脱口而出：“就是她了，你赶快帮我上门提亲，休叫旁人抢了先，事成必有重谢。”

翌日一早，媒婆早早来到了淑姑家中登门提亲。媒婆的一张巧嘴简直长了翅膀，将辜鸿铭夸飞了。淑姑的父母听说辜鸿铭乃留洋归国的才子，又在张之洞府上当差，自然十分满意，一口答应下这门亲事。

辜鸿铭得知提亲成功，更是喜出望外，随即着手准备婚事。

大婚将近，辜鸿铭一再交代主持婚礼之人："务必按中国传统礼节结婚，每一个环节都不要落下，千万不要因为我是留过洋的，就删减了细节。中国的婚礼，愈是烦琐愈是令人迷醉，只要是民间的习俗，百年的文化，都要一一照办。"

在辜鸿铭如此要求下，一个传统的中国式婚礼出现了。婚礼结束后，辜鸿铭拥着淑姑入了洞房，而他入洞房的第一件事，便是欣赏了一下淑姑那双始终深藏在裙裾之中的，神秘的裹足小脚。此一看，真当即入迷——他甚至把裹足都当成了中国文化中最优秀的那一部分。

此时的辜鸿铭，陶然自得，欢愉快乐，不曾细想将来的际遇，更不知自己将会遇到其他佳人。而这一切，似乎都在冥冥之中早有了指引，只等着他的到来。

纳妾出高论

旧时重视香火，为了家族昌盛、人丁兴旺，此为男子纳妾初衷。不同身份、家境的男子，会配数额不同的女子，似辜鸿铭这等工作稳定、日子尚可的，往往会纳一妾，而且是由正室夫人负责张罗筹备。

旧俗的婚姻自然会为古典文化添加几分枝叶，辜鸿铭娶一个集传统习俗于一身的中国太太，确实是有助于他了解中国文化的。

既然中国的传统观念中包括了男尊女卑、继娶纳妾，一个旧时代的极品男人，若没有三妻四妾，岂不为人所笑？辜鸿铭一直在研修中国的古书典籍，对纳妾这等具有深厚文化底蕴的美事自然不肯放过。虽然他刚刚才娶到了心仪的中式夫人，却已开始美滋滋地盘算纳妾之事了。妻妾相伴，岂不美哉？

刚刚完成婚姻大事的辜鸿铭，彻底迷恋上了夫人的裹足小脚。他认为，无论是中西哪一方的女人，都会把最引以为傲的地方隐藏起来，这样才会给人以朦胧神秘之美。

而中国女人的三寸金莲还有一个美妙之处，那便是气味。她们会用一条长长的包布将脚包起，且每晚必须用一种特殊药物洗脚，否则裹了一天的脚，加之日间活动，汗泥味儿的混搭令人根本无法入眠。因此，洗脚也是一件非常麻烦的事情。可有时不管怎么洗，气味儿也一样难以彻底洗去。令人惊诧的是，辜鸿铭这位留洋才子却异于常人，十分迷恋这种味道。

据说，辜鸿铭在成婚的第二天，带着按捺不住的满面春色赶到了总督府上班，很多人都围过来询问他洞房花烛夜的感想。可他却反问大家："你们知道我对中国传统女人最感兴趣的是什么吗？"大家一齐摇头，等着他那张铁嘴吐出高论。辜鸿铭说："我最感兴趣的就是她的一双小脚，简直是美不胜收！"

众人听后一惊，不想一个留洋多年的绅士，见过了西洋国家无数开放的袒胸露背的美女，竟会痴迷于一双裹得略微残疾的中国女人的小脚！诧异非常！诧异非常！

在辜鸿铭的思想意识中，这样的一双小脚，完全是祖宗留给后人以供欣赏的宝贝，一双小脚略微点地，走路轻盈，婀娜多姿如风摆柳，似乎随着走路的起伏，女性身上一切美的特征都得到了极好的发挥。

围观的同人虽然不解，但反驳的话，辜鸿铭自然是一句都听不进去，其独自沉迷其中，无法自拔。

此后，辜鸿铭只要一得空闲，就会叫上淑姑过来陪伴，随即便玩弄她的小脚，乐此不疲。后来，竟养成了这样的习惯：每每遇到问题，文笔枯干，百思不得其解之际，只要淑姑把小脚递给他，任由他揉捏把玩，他内心自会涌出无穷力量。手握小脚，旋而挥毫泼墨，思绪千种，一切问题自迎刃而解。

辜鸿铭对小脚的热衷，实令当世后世之人惊叹万千，而其“恋足”趣闻，也非一二可表，实在是层出不穷。

辜鸿铭后来于北大任教时，有一次打算到一个学生家中品读宋版书籍。刚一进门，正逢这家侍女迎接，由于侍女平日家务繁忙，忘记了洗脚，巧临夏日，烈日炎炎，浓重的臭脚气息由脚底弥漫至整个房间。

辜鸿铭眼睛放光，连连抽动鼻子，随着这特别的气味，闻之而来，找到了三寸金莲的出处。侍女以为自己的脚太脏惹他嫌弃，不由得脸颊绯红。辜鸿铭低着头，瞧着人家的脚丫子，丧魂失魄一般，心飞别处。学生见老先生这副神情，还以为他是丢了东西。辜鸿铭回过神来，怅然若失地随着学生去看宋版书。

然而此时，他的心全系在人家姑娘的脚丫子上，哪有心思看书呢，敷衍之后，便匆匆离去，一路上对那一双奇妙绝伦的脚感叹不已。

次日，辜鸿铭托人再次前往这个学生家中，替他传达了心意：想要那个侍女。学生随口答应，但不解万分，不明白先生看上了侍女哪一点。侍女外表奇丑，鼻掀眼斜，这样的姑娘居然能神不知鬼不觉地俘获辜老先生的心。在征求了侍女的同意之后，学生就成全了这一桩美事。

待侍女梳洗打扮之后，特派了一顶轿子将其送至辜鸿铭的府上，可意想不到的是，上午刚送出去的侍女，下午又被完整地送了回来，还附上了“完璧归赵”四个醒目大字。

原来，这姑娘出门前精心打扮了一番，还用热水将自己的“千年臭脚”洗了又泡，泡了又洗，险些洗破皮。

等辜鸿铭见到她后，急忙去赏那双妙味十足的小脚，一闻之下不禁大失所望：“哎呀，哎呀，不一样了。”

此刻的小脚，已是飘香万里，早失了本色的气味儿，辜鸿铭失落极了，连呼糟糕，顿时觉得这双小脚不复古典韵味，只好差人又将侍女送回。

就是这样一个另类到让人啼笑皆非的西洋博士，聚敛了所有古怪的特质。

小脚的太太已然满足了辜鸿铭多年的缺憾与好奇，剩下的人生又怎能如此平淡度过呢？纳妾，再一次提上了辜鸿铭的人生日程。

次年，桃花的春风吹进了辜鸿铭的心扉，一个来自东洋的女子——吉田蓉子，踏入了辜鸿铭的生命之中。

吉田蓉子的父母来中国做生意，从此音信全无。蓉子孤身来寻父母，却被拐到一家青楼，因不肯接客，常遭到鸨母的殴打。风流成性的辜鸿铭逛青楼时偶遇受欺负的蓉子，心生爱怜，加之他向来同情流落花街柳巷的柔弱女子，便将蓉子赎回，令她在家中暂住。淑姑见蓉子温婉大方，知书达理，虽是东洋人，却也与中国人无甚差异。便主动撮合，帮忙张罗，让她作了辜鸿铭的小妾。

这个美貌的日本女子，弥补了淑姑稍有的不足，不仅性格温顺，长相也是一等的水嫩，黑色的水眸漾着几分纯真，配上小扇子似的睫毛，谈笑间都流露着风情，真可谓桃花鱼面、端丽冠绝。与标准的传统中国女人淑姑不同，蓉子活泼可爱，带着异域的天然气息。

自此之后，这位日本美女就成了辜鸿铭疲惫之时的安眠药，不管工作压力多大，用脑多么疲劳，只要躺在吉田蓉子的身边，就若无忧无虑的神仙一般，片刻便能悠然入眠。唯一美中不足的是，蓉子有一双天然的大脚。所以每遇到难题之时，淑姑的小脚依然是他视如珍宝的兴奋剂。这样的一夫二妻，当真让辜鸿铭饱尝了人间趣味。

辜鸿铭日后曾说："我的一生有如此之建树，原因只有一条，就是我有兴奋剂和安眠药日夜陪伴着我。"

每到睡觉之前，辜鸿铭会先捉着淑姑的小脚把玩一番，感受过"兴奋剂"后，再去寻"安眠药"。据说，康有为还写过一语双关"知足常乐"的条幅赠予辜鸿铭。辜鸿铭曾吟诗赞美淑姑的小脚：

春云重裹避金灯，自缚如蚕感不胜。

只为琼钩郎喜瘦，几番缣约小于菱。

这种神仙般的日子，着实让很多人投来了由衷羡慕的目光。有人问过辜鸿铭："如此左拥右抱，就不怕两个女人妒火中烧？"

辜鸿铭却振振有词："三妻四妾乃是男人的骄傲，能力的象征，东方的女人冰雪聪明，她们只会将自己的丈夫奉为天子，用自己的魅力征服丈夫是她们所热衷的。故此，多女同侍一夫才是人生的真谛。

“那些洋女人，只知道榨取丈夫，怎有中国的妻妾快意风光?这世界上，冒险要命之事往往由男子担当，男子死得多，女多男少。如果实行一夫一妻制，必将会有许多的怨女。要解决这种社会矛盾，增加人口，除了纳妾之外还有什么好办法呢？”

听着辜鸿铭的一番口若悬河的“高论”，质疑之人无言以对，只好听之任之。辜鸿铭就是有这样的辩才，将人说得心不服，口却服。

风流在人知

辜鸿铭曾说过，他一生只有两个嗜好：一是忠君，二是风流。的确，这两样贯穿了辜鸿铭的一生。

不愧为怪杰，辜鸿铭的风流亦独领风骚，恰如他超凡的语言天赋。而对于自己的风流，辜鸿铭从不刻意隐藏，毫不在意为他人所知。

纵观辜鸿铭的一生，他的一言一行和生活作风，有时似中国传统的风流名士，有时又似近代西方浪漫主义作家。两种特质巧妙地融为一体，造就了独一无二的辜鸿铭。

他曾称：“妾这个字，就是立女。妾者，靠手也。所以供男人倦时作靠手也。”

别人反驳他：“那女人累了，是不是也可以多找几个男人作靠手？”

对此诘问，辜鸿铭非但没有被难倒，还说出了一番广为人知的妙论：“男人如茶壶，女人如茶碗。从古至今，都是一个茶壶配四只茶碗，谁曾见过一只茶碗配四个茶壶？”

梁实秋在《辜鸿铭先生铁事》一文中评价道：“以茶壶譬丈夫，以茶杯譬妻子，故赞成多妻制，诚怪论也。”

对于自己的这番“怪论”，辜鸿铭运用起来得心应手。每每遇到一夫一妻的洋人斥责中国纳妾的传统，辜鸿铭总要将“茶壶茶碗说”抬出，神色不慌不忙，脸色不红不白，鼓动他“金脸罩，铁嘴皮”的一身外家功夫，直将对手说到词穷。这些一夫一妻者虽然占尽了伦理优势，可遇到辜鸿铭这等人物，有理也似无理，全叫辜鸿铭那一张嘴抢了去。

洋人知道辜鸿铭喜欢女人的小脚，还就缠足之事与辜鸿铭辩论：“中国的女人缠了足后，身体的重量全集中在一双巴掌大的小脚上，恐怕违背人体的生理吧。据说有的中国男人喜欢嗅小脚，请问辜先生有何高见？”

辜鸿铭不以为然，微笑作答：“我国妇女缠足，恰如你们国家的足趾舞（芭蕾舞），是美好的艺术的表现。足趾舞跳起来优雅迷人，缠足后的小脚走起路来婀娜多姿。不过，你们的足趾舞摆在台面上，而中国妇女的小脚，是隐秘而珍贵的，与贵国各异其趣而已。”

洋人语塞，谁能想到这个辜鸿铭会把舞蹈和缠足联系起来？

辜鸿铭接着又说：“说到影响生理，比起我国，你们有过之而无不及啊！”

洋人诧异：“这话从何说起？”

“从前，你们西方女人好缠腰，好好的腰，非要缠成花瓶状，腰部的内脏恐怕会吃不消吧？这叫不叫影响生理？”

洋人顿时无话可说，过了一会儿又突然想起了什么，问：“那为何有些中国男人偏好小脚的臭味？”

辜鸿铭不假思索地大笑而答：“那也不是尽人皆然，有些西方人偏好臭奶酪，吃之前还陶醉地闻上一番，大抵和你问的有异曲同工之妙。你喜欢臭奶酪吗？如果喜欢的话，扪心自问不就成了，为何问我？”

辜鸿铭的诡辩之术真是登峰造极。

洋人又批评他鼓吹纳妾制度，他则毫不留情地揶揄洋人：“中国的纳妾制度，虽有不尽人意之处，却也轮不到你们来批评。你们看看自己，家里摆着一个老婆，名义上是一夫一妻，其实呢？在外面偷偷摸摸，寻欢作乐，找情妇，快活完了又回过头来高唱一夫一妻制论调，虚伪至极。中国男人不同于你们，娶一个，觉得不够，便再娶一两个，光明正大。一个茶碗不够，就多配几个嘛。”

与张爱玲齐名的海派女作家苏青曾对辜鸿铭的“茶壶茶碗论”有过反驳，她说：“男人是汤匙，女人是汤盆，一个汤盆肯定要配好几个汤匙，哪有一个汤匙配几个汤盆的？”

这话倒为女性争回一口气，因而广受女性赞誉。

后来，陆小曼对她的风流诗人徐志摩说：“我不许你拿辜先生茶壶茶碗的比喻来作借口到处风流。于我而言，你不是茶壶而是牙刷，茶壶可以公用，牙刷却只可独享。今后，我只用你这把牙刷刷牙，你也不准向别的茶碗注水。”

可见，辜鸿铭的风流理论真是广为人知，名声在外。

辜鸿铭还想将自己的风流思想传播得更广些。1914年，他多次投稿到《北京每日新闻》，畅谈纳妾之说，可却屡遭受西方文化影响甚深的主编反对，继而中止了与他的合作。辜鸿铭大骂主编受了美国人影响:“美国男人不敢娶小老婆，都是些没种的！”

辜鸿铭就在这样的“自我陶醉”中生活着，洒脱，自然。后世提及他对于纳妾制度的吹捧，总要鄙视一番，可人们又钦佩他的真实，想什么便说什么，比一些道貌岸然的伪君子要潇洒得多。

辜鸿铭虽风流，对自己的妻妾却也真情实意。1904年，为他诞下唯一儿子的吉田蓉子因病逝世，辜鸿铭伤心欲绝，将爱妾亲自盛殓，葬于上海万国公墓，并写诗一首:

此恨人人有，百年能有几?
痛哉长江水，同渡不同归。

相随18载的蓉子去世时，辜鸿铭特意留下她的一缕长发，夜夜放在枕下方能安然入睡。等辜鸿铭去世时，这缕长发也被他带进了坟墓。蓉子去世两年后，辜鸿铭在出版的英文书籍的扉页上写道:“特以此书献给亡妻吉田蓉子。”

晚年，辜鸿铭受日本大东文化协会邀请，多次赴日本讲学。他到日本的头一件事，就是去大阪的心斋桥——这里是蓉子长大的地方，凭吊蓉子。

痛失爱妾的辜鸿铭虽长时间未能走出悲伤，却化悲痛为风流，不改本性，到处眠花宿柳。民国以后，辜鸿铭做了袁世凯政府的议员。有一次参加完会议，他收到了一笔“出席费”，共300块银圆。他向来最鄙夷袁世凯，立即拿了这笔收买人心的钱去逛妓院，他向来同情妓女，认为她们卖淫是卖穷。他将北京八大胡同的妓院挨个溜了一遍，让妓女们绕着他走，每唱名一次，他就慷慨地赏一块大洋，直到银圆尽数散光，他才扬长而去，痛快万分，在妓女的唏嘘声中留下学术气息浓厚的伟岸背影。

辜鸿铭一生风流，还对自己这个不甚体面的嗜好进行了饱含学术味道的辩解："《牡丹亭》曲本有艳句云：'一生儿爱好是天然。'此原本于《大学》'如好好色'之意。余谓今人之心失真，即于冶游、赌博、嗜欲等事也可见一般。孔子说：'古之学者为己，今之学者为人。'余曰：'古之嫖者为已，今之嫖者为人。'"

辜鸿铭不仅同情妓女被生活逼至卖身的境遇，还因妓女的脸上残存着女大学生不曾有过的两片羞涩红霞而怜惜。

安福系当权时，部分参议员需投票选举，凡有外国的硕士、博士文凭者都可参与投票。于是便有人私下买文凭，200银圆一张。

有人找到辜鸿铭，希望他投自己一票。

辜鸿铭双手一摊说："我的文凭丢了。"

对方说："谁不知道您啊，您老亲自去投，不用文凭。"

辜鸿铭心生鄙夷："我要500。"

"这样，别人200，您300。"

"不行，400，少一块不去。"

经过几番讨价还价，最终以400银圆成交。选举前，那人给辜鸿铭送来400银圆和选举入场券，千叮万嘱他务必到场。辜鸿铭满口答应，却在拿到钱后立马赶赴天津，在妓女一枝花身上将400银圆挥霍一空，畅快地玩了三天才回来。那人跑来兴师问罪，大骂辜鸿铭背信弃义。辜鸿铭顺手抄起一根棍子，狠狠指着他的头，大骂道："瞎了眼！敢拿钱来买我？"那人便吓跑了。

吉田蓉子去世后，辜鸿铭又从妓院赎回来一个小脚而貌美的年轻女人碧云霞，纳其作了小妾。东渡日本、辗转台湾讲学之时，碧云霞常伴他身边。

辜鸿铭曾得意地自述道:“又要忠，又要孝，又要风流，乃为真豪杰；不爱财，不爱酒，不爱夫人，是个老头陀。”

自古才子总多情，风流倜傥几多愁，浓情岁月间，激情永相伴。辜鸿铭在经历了成家之后，便开始了立业的追求，他又会有怎样的际遇?

一入幕府二十载

壮志遇明公

自古少年多轻狂，不曾轻狂枉少年。

一个“狂”字，即可左右一个人的一生，是不同凡响，还是平庸无为。

乱世出英雄，在那个天下不宁、百姓难安的斑驳岁月，但凡有一点骨气之中国志士，都会不甘随世堕落，而辜鸿铭的脱颖而出，也正是时代所需。谈及他的仕途，自是要追溯至入张之洞幕府之际。只是，辜鸿铭之“狂”，绝非恃才傲物，而在于“恃才报国”。

1885 年，辜鸿铭进入了张之洞的幕府，开始了他 20 年之久的幕僚生涯。

张之洞，清朝末年朝廷命官，系洋务派主要代表人物。其字孝达，绰号居多，有壹公、抱冰、无竞居士、香涛等。自幼受父亲引导，酷爱学习，1863 年中进士，历任翰林院编修。随后，其一路攀升，尤其在慈禧太后“垂帘听政”之后，他一语道破天机，揣明了慈禧的心思，深得慈禧厚爱。在此期间，他亦成为清流派成员，以反侵略、只故传教、空谈社稷为主。喜欢上奏谈时政，而他的理论也颇受尊崇。

1884年时，中法开战，张之洞上奏提议一心抗法，条理清晰地阐明了决战之信心，旋即被任命为两广总督。霎时间，战火燎原，炮声不断，法国仗势欺人，启用军舰，猛攻中国舰队，张之洞见战事危急，先派杨汝澍亲临福建窥探战况，与此同时，还下令让冯子材进攻。在此千钧一发之际，杨汝澍返回广州，传报战况，并带来了一心报国的辜鸿铭。

其实，辜鸿铭与杨汝澍的相逢纯属是个巧合。

原来，杨汝澍返回广州的途中路经香港，正巧与同时返港的辜鸿铭搭乘同一艘船。当时，辜鸿铭一人独自上船后，只身伫立于一个安静之隅，浏览着两岸的景致，忖度着自己该如何找到中国文化底蕴的突破口。

忽而，只听周围一群德国人聚在一起，发表言论，诉说着他们自认为很懂的伦理学，视旁人而不顾。他们谈论的只是肤浅的皮毛，更显露出他们浅薄的思想。这些愚蠢的嘈杂声，打断了辜鸿铭的畅想，惹得他嘴唇发痒，实在需要畅谈一番而后快。

只见，他径直走到这群德国人面前，用流利的德语侃侃而谈起来，从苏格拉底谈到黑格尔，从德语换到英语，又从英语换到拉丁语，几个德国人顿时对眼前这个青年另眼相看，不由得肃然起敬。

辜鸿铭大胆地谈论了西方的文学理论，涵盖哲学等诸多方面的内容，而其诙谐幽默的表达方式也吸引了围观的人群。尔时，杨汝澍就在围观人群之中。

辜鸿铭一番精辟言谈，深受杨汝澍赏识，待其“高谈阔论”后，杨汝澍主动与之攀谈起来。辜鸿铭见杨汝澍一副中国官员的打扮，当即便自心中涌出一股亲切感。在彼此介绍之后，辜鸿铭将自己的出身背景及留学经历倾心而谈，更表明了自己一心救国的愿望。

杨汝澍听罢，不禁说：“若有机会，你可愿报效国家？”

辜鸿铭连连点头：“那是自然，若国家有用到晚辈之处，晚辈自当赴汤蹈火。”

遇见杨汝澍，对辜鸿铭而言绝对是一个欣喜的巧合。只是这样的一次交谈，让辜鸿铭心中的理想再度泛起阵阵涟漪。祖国的命运，自己心之所向，到底该何去何从？辜鸿铭只觉得如梦一场，到底谁才是给他机会救国的伯乐呢？霎时，他陷入了无尽的沉思。

船抵香港后，辜鸿铭给杨汝澍留下了自己的地址，二人就此阔别。辜鸿铭回到香港后，未将此事放在心上，只顾闭门读书。不过，杨汝澍倒是一直记挂着辜鸿铭，急匆匆回到广州后，先是复命报告战情，后便急匆匆找到了赵凤昌，举荐了辜鸿铭。当时朝廷正值用人之际，赵凤昌觉得辜鸿铭的才学可以先做个翻译，为国家效力。最后征得张之洞的同意，便聘请了辜鸿铭。

很多时候，机遇就是留给有准备之人的，辜鸿铭多年的学习，西洋的见闻，积累的经验，博览的群书，也许都是为等着这“突如其来”的一刻。

是时，张之洞派赵凤昌亲自去接辜鸿铭回广州，这让辜鸿铭十分开心，精心打扮了一番后，曾经那个洋硕士的样子又再一次呈现在旁人眼前。

此次，辜鸿铭随赵凤昌再次坐船任职，心情极好，在船上眉开眼笑地和那些英国人交谈着，调侃着生活。谁都能看出，他此刻心中有着按捺不住的喜悦，的确，英雄了有用武之地，千里马终被发现，大展宏图的日子即刻到来了！

到了张之洞的府上之后，赵凤昌直接带着辜鸿铭面见了张之洞。张之洞见这位长相混血、西洋打扮的洋硕士，忽有迟疑："你到底是中国人还是洋人？若想在我这里做事，赶快脱了那身洋衣服，打扮成中国人该有的模样。"

辜鸿铭顿时有些窘迫，很快换了身行头，长袍长辫，布鞋马褂，做回了彻头彻尾的中国人。张之洞去世后，辜鸿铭感念其知遇之恩，著《张文襄幕府纪事》称："相随二十余年，虽未敢云以国士相待，始终礼遇不少衰。"

初到张之洞的幕府，辜鸿铭即主管德文洋务，拥有一间自己的办公室，常觉得四周空空荡荡，办公时鲜有参考资料，便找到张之洞说："要想了解世界事务，少不了要订些洋文报刊，透过洋文报刊，才能明晰国际局势，把握世界的脉搏。"

张之洞一听，顿觉辜鸿铭的建议甚好，欣然接受，并让他拟定了一个订单，而后再订阅。

得到了张之洞的批准及肯定，辜鸿铭又多了几分工作热情，回到办公室提笔疾书。正在他聚精会神构思时，府役受张之洞派遣，送来了几份洋文公文，让辜鸿铭翻阅。接过公文，他便仔细读了起来。没过几分钟，辜鸿铭跳起来气愤地骂起了洋鬼子："欺人太甚，欺人太甚！"并险些跳到桌上去。

府役吓了一跳，呆望着跳着脚的辜鸿铭。

"他们竟敢称咱们的货物是土货！既是土货就不要来买嘛，欺人太甚！”

精通英文的辜鸿铭，一时间怒火难平，挥笔就要将标有“土货（Native goods）”字样的公文划掉，府役见状提醒辜鸿铭不要冲动，惹火了洋人麻烦甚多。但辜鸿铭哪还顾得上那么多，大笔一挥，抹杀一切，且在上面自行标上了“中国货（Chinese goods）”。旋而，还理直气壮地告诉府役，一切罪责由他担着。

辜鸿铭当然没有受到责备。张之洞看到了被批改的公文后，心中微微有些诧异，对辜鸿铭更加欣赏，不但没有怪罪他，还直接批准通过了。这一举动，让辜鸿铭对他的敬仰之意更甚。

几天后，辜鸿铭将之前拟好的订阅报刊文件一一写好，拿给张之洞过目。张之洞唤来蔡锡勇，将订单给他看。

蔡锡勇看完后感慨不已："拟此订单之人对西洋文化了解之深刻，可称为入木三分，单看这百种报刊种类，就足见其才学，不知是哪位高士？不过这字嘛……差强人意了些。"

张之洞欣慰一笑："就是新来的辜鸿铭了。他不但有识，还很有胆呐，改订单一事便是此君手笔。他自小留洋在外，写起毛笔字来自然不如诸君般铁画银钩。"

枕典又席文

张之洞之幕僚人才辈出，人才欣赏人才似乎很难，如蔡锡勇看到辜鸿铭列出的订单当时就赞赏有加的情况，甚是凤毛麟角。

蔡锡勇曾提及辜鸿铭的毛笔字似有不足，也算是直言不讳地提出了问题之所在。像蔡锡勇这样直言挑错的人，在官场上也为数不多。

蔡锡勇，祖籍福建，字毅若，幼年开始接受系统教育，英文、国文、数学成绩均突出，后受名师提点，从各种自然科学入手，全方位地学习了与当代发展有关的主要课程。后在美国从事过翻译工作，积累了诸多经验，可算作是当时中国重点培养的与国际接轨的学者之一。1884年，其进入张之洞幕府，主管洋务，翻译各类文件。

对蔡锡勇指出的不足，辜鸿铭心知肚明，也十分感激，更是渴望找到一个学习的门路。为此，他曾去请教幕府中那些翰林院士，希望他们给予一些指点，谁知那些人冷若冰霜，还不时嘲讽他说："你是学洋文化的人才，中国文化不配再多研究了。"辜鸿铭又气愤又无奈。

他人不助，己者自立，辜鸿铭只好自己买来中英对照的官话指南，以此借鉴。张之洞得知此事后，笑着对辜鸿铭说："中国人求师，不似西洋那样想问就问，此中礼节甚多。他们不是不肯教你，而是你太唐突啦！你始终接受的是西洋的教育，对于中国的人情世故，还要细细琢磨呀！"

张之洞认为这样一个潜心学习的青年，举国寥寥无几，遂亲手教他国文，从最基本的三字经到四书五经，无一遗漏。

此时，中法之战进入了紧张的阶段，张之洞亲自上阵，率领众臣一致抗敌，大获全胜。这一胜利，不仅极大地削弱了法国的士气，还博得了慈禧太后的赏赐。

每每慈禧太后的赏赐送到府上时，得到赏赐的官员都会对赏赐诏书行叩拜之礼，激动者甚或热泪滚滚而下，忠恳的样子感人至极。这一切都给辜鸿铭留下了深刻的印象，他甚至深信这些大臣，当真属救国的顶梁重臣，耿耿决心天地可鉴。

在张之洞的幕府中，辜鸿铭除了目睹为官者的效忠，还结交了很多志同道合的朋友，与其关系最好者，莫过于梁敦彦。

梁敦彦，字崧生。幼年幸得良机，赴美留学，直至大学毕业后，才被朝廷召回，先于学堂任教，后受聘于张之洞幕府，成为知州府候补道。

梁敦彦刚入张之洞幕府时，主要负责翻译电报等重要文件，也属文案工作的一种。由于他勤劳肯干，成绩显著，故此备受张之洞赏识。

据说，当时在张之洞的幕府工作有一个规矩，每逢规定的日子都要有一次行礼，还要听张之洞的一番训话。届时，他们都会分队站好，等着张之洞的到来。每次，梁敦彦都会谦虚地自行站在电报生的行列中去，也因为这样，遭到了很多自命不凡的自称文案委员之要臣的排挤，因他们多会觉得梁敦彦低人一等，故而与之保持距离。直到一次列队时，张之洞亲自将他归在了文案委员的队列，那些大臣才对梁敦彦高看一眼，一改往日的鄙夷态度，热情相待。

此事，辜鸿铭看在眼里，叹在心里，深感官场炎凉。他敬重张之洞，曾在《张文襄幕府纪闻》中称：“周之末季，自荀卿以后无儒者；今自张文襄以后，亦无儒臣……张文襄，儒臣也；曾文正，大臣也，非儒臣也。”

同时也直言不讳，讥张之洞手下多伪君子，“张文襄学问有余而聪明不足，故其病在傲；端午桥聪明有余而学问不足，故其病在浮。文襄傲，故其门下幕僚多伪君子；午桥浮，故其门下幕僚多真小人。”直言直语，是辜鸿铭最突出的个性之一。

不过，这样的现实却让辜鸿铭长了很多见识，因为，这也是了解中国的一个细节。

1885 年,《中法新约》签订，越南划分给了法国统治。而法国此时野心勃勃，并没有因得到了越南而罢休，在越南的边界还是肆意嚣张地闹事，让边境百姓终日不得安宁。故此，李鸿章多次上奏，表示此事最好和解。可那时的和解，就意味着一再退让，这使得一再主战的张之洞等人，与其矛盾日益剧增。

此际，正为朝政气愤的张之洞，不知不觉便迎来了自己的又一寿辰。这天，张之洞府上红灯高挂，高朋满座，异常热闹，前来祝寿者多如牛毛。此一时段，辜鸿铭结交了由张之洞引荐的沈曾植。

沈曾植，字乙斋，光绪年间进士，在张之洞手下任两湖书院讲习，对中国传统文化有着颇深的研究。可以说，与沈增植结识，让辜鸿铭自身的“中国味”更浓了。

辜鸿铭见到沈曾植后，与之交谈甚欢，讲的多是他了解居多的西洋文化及理论。沈曾植只是礼貌地听着，没有任何表情，也未曾发表一句意见或言论，辜鸿铭对此有些狐疑。沈增植说:“你说的话，我都懂。你要懂我的话，还得读二十年中国书。”

沈曾植并未夸大，他对于西洋文化亦是知之甚详，若是他高谈国学理论，单凭辜鸿铭所具的知识，是否能听懂真是个问题。

不过，几年之后，辜鸿铭的国学文化有了质的飞跃，就连沈曾植也赞为观止，并预言中国的重担终于有人能担当了。

话说辜鸿铭拟好各国各类报刊之后，一一分类，且按照阐述的内容详细地整理了一番，要点之处更逐个记下，后连同自己对时局的看法和分析的结论，一并呈给张之洞看。辜鸿铭所做的一切，皆为张之洞提供了有力的信息，他也逐渐成为张之洞的得力助手。

自历史即可获悉，张之洞思想之中有着护国之根本，且又渴望以洋务为通路，整治国度。只是，他的想法终归拗不过时局。

虽然如此，他依旧渴望以外来之力量兴邦，故而大搞洋务，涵盖甚多。而其所开办之诸多项目，均与德国有关。当时德国武器最为发达，于是和德国人谈合作时，辜鸿铭自然成了其中鼎力的翻译。后来，张之洞还特意建立了具有德军素质的军队，此举得到了德国皇室支持，对方派来了高级军官，莅临指导。

而为表示诚意，张之洞特意为前来指导的德国官员封了官，赐予了顶戴花翎。不过，在受任行礼之时，问题却出现了。

德国人觉得行跪拜之礼不是他们的习惯，于是只肯握手。这一论调再次遭到了辜鸿铭的反驳："西洋的文化我可是知道的，你们可以在敬拜耶稣之时虔诚地下跪，可以在向女人求爱之时单膝跪地，为何来到了中国，就自称没有跪拜的习惯，岂不是太滑稽了？"

辜鸿铭的一番雄辩之词，令在场德国官员无言以对，只好从命。次日，他们行了叩拜大礼，遵从了中国礼节。

此事引起极大轰动，贯通中西而又雄辩的辜鸿铭简直是洋人克星。为了加深对中国文化的理解，辜鸿铭准备好好将《易经》读一读。

《易经》，可谓是中国文化的重要组成部分，在那个封建思想四溢的年代，《易经》的理论俨然成了主宰百姓生活不可或缺的典籍。传承千年，不曾变更；风水之说，广为流传。从皇室到黎民，皆深信不疑。故此，修建铁路，开辟航线，阻碍重重。

腐朽的大清帝国，怎可轻易接受现代的文明？在他们眼里，日出而作、日落而息，都是跟随自然界之所向。人到国家的大事，小到平民百姓的婚丧嫁娶，都要经过《易经》的推算，择选出良辰吉时，方可行事。而大修铁路，对于闭塞自居的清代旧俗思想而言，简直就是在破风水，毁龙脉，割裂千年累积神韵的宝地，是万万不可行的。

据说，早在同治帝在位之时，就有诸多洋务大臣和李鸿章一同上奏，多次奏书表明修筑铁路的妙处，旨在方便运输。交通便利，自是为国为民的喜事。可提议归提议，总要有人拥护才行，结果却招来了一片反对之声，以失败告终。此事，也就此搁浅。

幕府多面手

中法战争后，修建铁路的问题再次被提议，可一时间众说纷纭，意见难以统一。直接上奏，自然还是被驳回。而张之洞因多年受洋务大臣影响，加之辜鸿铭每天都在为其讲解世界动态及新闻，故此对修建铁路一事别有一番理论。

转而，张之洞草拟了一份详细计划，在辜鸿铭的指点下，将国人的顾虑驳回，并澄清了修铁路是为经济发展。同时，亦列出了修建铁路的路线，终而得到了批准。于是，派人开始监修各段铁路，大兴土木。

清廷最终起用李鸿章监督修建北段，命张之洞卸任两广总督，任湖广总督，负责监督修建南段铁路。彼时，张之洞上奏请求，希望带上自己的得意幕僚同往，辜鸿铭位列其中。

张之洞接任之后，大力发展洋务，在辜鸿铭等西洋硕士的鼎力支持下，几年下来便硕果累累，炼铁厂、枪炮厂、采矿厂，这些新生工业随之起步。

最初，创办炼铁厂困难重重，他们要聘请德国技师，而那些人来到中国考察之后，先把所有的中国资料拿回了德国，交给自己的政府看。审阅之后，德国人认为中国人简直是异想天开。后在辜鸿铭多方协调后，对方终于同意派技师帮忙指导，这才令炼铁厂的落成成为现实。

工厂引进的皆为国外的先进技术，方案、设计、总监亦都是欧洲人。可那些派去监督的中国官员，只徒有虚表，游手好闲，一通胡乱指挥，导致好好的工厂难以运转，最终落入日、德等国洋行的囊中，同李鸿章的北洋海军落得同一归宿。

辜鸿铭常同工厂的总监和设计师闲聊，对铁厂的命运大肆感叹："香帅办铁厂，用心良苦，可这里俨然成了工厂式的衙门。主管工厂的一干人等，也皆一些根本不懂经商之道的张之洞的士子。他们不懂洋务，只把为官时的横行霸道用到管理之中，既不懂以德服人，更不思经营，只做着升官发财的春秋大梦，挥霍着大清的白银。更有甚者，会对不服之人一番鞭打，可悲可叹啊！"

辜鸿铭此论正中洋务之病。张之洞在湖北主办的洋务工厂多是这等命运，而这更是清王朝之痼疾所在。

张之洞所创办的这些工厂，与其说是响应新政，不如说是急功近利，想法虽好，可一出现问题，便束手无策。只是声势浩大，震人耳目罢了。

后来，在枪炮厂制造"汉阳造"时，德国人维礼一直在宣扬自己国家的工业和机械设备，并亲自牵线帮张之洞订购，可张之洞却不知，维礼仅是一渴望榨取中间利润的顽徒而已。

是时，因中国的兵工技术一直处于起步阶段，张之洞只好四处听人介绍，引荐不同的有名技师。此时，盛宣怀介绍了英国兵工专家华德·伍尔兹，邀他前来指导。

伍尔兹到达之后，张之洞热情款待，还带上了维礼和他的翻译辜鸿铭。辜鸿铭刚一开口，便是一口流利的英语，这让远道而来的伍尔兹惊讶万分。

可没过几日，这人便不辞而别了。经盘问才知，此人为辜鸿铭所赶走的。张之洞对此颇有微词，辜鸿铭耐心解释说："此人就是个骗子，同我一样毕业于爱丁堡大学，还晚了我几年，专业并非兵工而是商科，只念着为己谋私利罢了，根本就是想发横财的泼皮！"

事事不顺，现在倒好，还请了个冒牌洋专家，这让张之洞内心悲凉，假的撵走了，真的哪里去找？枪炮厂怎么办？急火攻心的张之洞险些背过气去。

辜鸿铭说："香帅不必忧心，我在德国时有个同学，名叫威廉·福克斯，他才是真正的专家哩！我已替你请他了。趁我国危招摇撞骗的洋人很多，香帅以后要小心些。"

这才算解了张之洞之难，不然张之洞恐怕要病一场了。

威廉·福克斯是德皇的亲戚，于辜鸿铭留学期间彼此结识，友情深厚。接到辜鸿铭的邀请后，他爽快地答应前往帮忙。

只是，威廉不久便被召回德国，德国方面又有新人接替。新人带了一些新技术，传授于国人，也令当时的兵工厂可以维系。

经历得多了，张之洞也对创办企业的这些欠缺有了察觉。而更关键的是，此时他对辜鸿铭有了新的认识。可想而知，若不是辜鸿铭从中几次三番周旋，这诸般先行企业或许早早丧命。每每，辜鸿铭都能在危机之处显露非凡之才，甚而扭转乾坤，真令人刮目相看。

1891 年，张之洞大兴工业时，俄国皇储和一位希腊世子亲戚游历东方，来到湖北。这队远方的宾客一行十人，皆是权贵，排场威仪盛况空前。俄国的军舰到达汉口时，岸边密匝匝挤满了围观的民众。

张之洞到达汉口迎接贵宾，以尽地主之谊，并于晴川阁设宴为一行人洗尘。席间，辜鸿铭以法语通译。酒正酣时，俄国皇储要与希腊世子谈话，为免被他人知道，便以俄语说：“晚上我们还要赴其他约，少喝点。”

辜鸿铭听到后，以俄语告知：“诸位不要拘谨，务必尽兴。”

皇储一行大为震惊，他们还以为辜鸿铭只会法语哩！

过得片刻，张之洞取出不离身的鼻烟壶，津津有味地吸了起来。好奇的希腊世子以希腊语对俄皇储说：“也不知主人吸的是什么。”

辜鸿铭便对张之洞说：“二位客人对香帅的鼻烟壶十分感兴趣。”

张之洞遂将鼻烟壶递予希腊世子研究。

一行人更加震惊，原来此君还懂得希腊语！

临别前，俄皇储赠给辜鸿铭一镂有皇冠的金表，以表钦佩。

当这一行人游历到上海时，逢人便说张之洞身边有位通译全才，名叫辜鸿铭，通晓欧洲诸国语言，才思敏捷，实乃世所罕见之大才。至此，辜鸿铭的名声在上海的上流社会与洋人间流传开来。

而此时的紫禁城，在慈禧太后的带领下正日夜笙歌，宫闱之内勾钩心斗角，脑中只有享乐，全无家国天下事。

慈禧太后不大喜欢紫禁城的氛围，玩无可玩，压抑又腻味，赶巧快过六十大寿了，便做了一个很随意的决定——挪用海防经费修颐和园以供赏玩。1891 年后，灌注李鸿章多年心血的北洋海军，因资金短缺不得不停购枪械弹药，堂堂海军成了空架子，当仪仗队都嫌凑合。

后人读这段历史，总有啼笑皆非之感。啼国运之艰、李鸿章之哀，笑慈禧之愚昧、皇家之乐天。的确，有的时候大人物做起事来，比如慈禧太后，就像开玩笑似的。

汉滨读易者

四海归一，能在政治上纵横捭阖，还能在新修的颐和园颐养天年——这是清末最有权的老太太的春秋大梦。可对于这种梦，历史从不给机会，而且会加速它的破灭。

1894 年，朝鲜爆发东学党起义，日本以朝鲜请求清廷出兵，借口保护侨民，继而出兵朝鲜。7 月 23 日，朝鲜国王被日本劫持，傀儡政权建立。李鸿章于 7 月 24 日派北洋海军运兵前往朝鲜，7 月 25 日的返回途中，北洋船队与日本军舰在黄海展开大战。这是一场举世罕见之大战，至此，甲午战争正式爆发。

张之洞不得不加倍注意长江防务，为筹集军饷，派辜鸿铭前往上海商借外债。

刚到上海，辜鸿铭便马不停蹄前往德华银行，说明来由，并声明坚决不收回扣，留下一纸名刺。张之洞让因涉案革职、退居上海的赵凤昌前往询问，德华银行的经理拿出辜鸿铭所留名刺，上云：我来议借款，成不索回扣，以此刺为证，后有不信，持此控我。

赵凤昌对辜鸿铭的廉洁大感钦佩。不久赵凤昌到武昌探望张之洞，提议说：“香帅，当今局势风云变幻，应命汤生多译些西方报纸，好开阔眼界。”

张之洞深以为然，辜鸿铭却不假思索地说：“洋人的报纸满纸荒唐，狗屁不通，我不干。”

张之洞倒也不恼，由他去了。辜鸿铭之倔强，也只有胸藏天地如张之洞者受得了！

曾经对西洋报纸大加赞誉，并广泛订阅的辜鸿铭为何会有如此转变？原来，辜鸿铭受沈增植刺激后，便发奋钻研中国文化，到武汉后，更是自号“汉滨读易者”，研习《易经》等典籍。1896年，辜鸿铭甚至作《上湖广总督张书》，对西方各种活动嗤之以鼻，整个思想已然被儒家文化俘获。

然而，直到北洋舰队全军覆没前，张之洞还在想借助洋人之力攻击日本本土。甲午一役的惨败，让张之洞饱受打击，也让每个依旧沉迷于天朝上国梦的中国人愕然——连这个中国的“学徒”都可以如此欺侮我们了吗？

与日本订立的《马关条约》，是大清国最惨痛沉痛的教训：割让辽东、台湾，赔款二亿两白银。朝野震惊，群臣先是呆愣了一阵子，而后便纷纷发表高见，肤浅地以为日本之胜，不过是“全用西法”，却不深入研究。

面对国家灭亡的时刻，总会有很多有志之士脱颖而出，抒发愤慨。梁启超、康有为等人联名上书，反对清政府签署《马关条约》，并且提出日本能够大获全胜全是因为他们效仿西法明治维新的结果，建议大清政府也要进行维新的变法，才能救国于危难之中。

光绪帝看到上书之后，认为其阐述的内容言之有理，于是下定决心，多加支持。还亲自下诏宣布正式变法。这一激动人心的诏令发布之后，光绪帝还起草了一系列有关变法的内容，包括政治、经济等多个领域的变化，还要从根本上瓦解腐朽思想的大臣，更换一批拥有新思想的人才。这一举动，声势浩大，使此次变法运动推向了高潮。可惜好景不长，变法运动只维持了一百多天，就被慈禧太后发动的政变给扼杀了。因此这场运动历史上将它称为“百日维新”。

慈禧太后发动政变之后，再次将那些腐败烂臣扶持了起来，大清的命运也再度握在了这个腐朽的女人手中。

张之洞受百日维新影响颇深。他一方面支持维新派，一方面却看透慈禧与皇帝之间的矛盾而不得不与维新派保持距离。他多次与辜鸿铭商讨时局，已经深受儒家学说影响的辜鸿铭说：“欧美主富强，务其外也，中国主礼教，修其内也。”张之洞深以为然，于1898年4月撰成《劝学篇》，称：“入外国学堂一年，胜于中国学堂三年。”“凡东西洋各国，立学之法，用人之法，小异而大同，吾将以为学式。”并提出举世皆知的“中学为体，西学为用”的理论。

辜鸿铭曾在《张文襄幕府纪闻》中称：“文襄之作《劝学篇》，又文襄之不得已也，绝康梁并以谢天下耳。韩子曰：‘荀子大醇而小疵。’吾于文襄亦云然。”

清光绪二十四年，1898年，伊藤博文来华游历，考察中国国情，为日本寻求进一步扩张的机会。张之洞在武昌接待了伊藤博文，辜鸿铭则将自己的英译本《论语》赠送给他，伊藤博文为此专门造访辜鸿铭。

两位同在英国留过学的东方人此时见面，气质却千差万别。伊藤博文西装革履，一头利落的短发。辜鸿铭则长袍马褂，拖着他引以为傲的辫子。二人虽同为饱学之士，思想之不同，由此可见一斑。

伊藤博文听闻他铁齿铜牙，从没输过辩论，便诘问："你精通西洋文史，游遍欧洲，难道不了解数千年前的孔子之道，已经是明日黄花了吗？"

辜鸿铭见不惯他的春风得意，冷笑一声说："孔子之道乃是贯通古今的大道理，恰如数学，千年前是三三如九，到了今天仍是三三如九。洋人的玩意儿不过是一时之秀，贵国如果没有孔子之教，单凭洋人的东西，怕是不会有今天吧！"

伊藤博文大窘，看来这辜鸿铭果然惹不得，自己怎会闲到要与他辩论？

辜鸿铭能在口头辩倒伊藤博文，却无法抹杀日本凭借西学的崛起。他的一腔报国志，完全寄托于钟爱一生的诗书礼教，思之可叹。

甲午一战给予大清王朝的打击还在隐隐胀痛，而当权者依旧醉生梦死，一厢情愿的百姓依旧信任着他们的朝廷。

清光绪二十六年，1900 年，专门针对"洋鬼子"的义和团运动爆发。从山东等地开始，逐渐席卷整个华北。他们以"扶清灭洋"为宗旨，烧毁教堂，驱赶洋人，热血沸腾地维护自己缥缈的梦想。

辜鸿铭崇尚中华文明，忠于朝廷，对义和团运动自然很有好感。他在《中国牛津运动故事》自序中称："当年，从义和团运动爆发到中国民众围攻各国驻北京公使馆，这些老爷们的'一己之见'可谓居功至伟啊。"

清政府对于义和团的"扶清灭洋"也颇有几分好感，慈禧太后更是对他们大加利用，自作聪明地要起了愚不可及的计谋。

1900 年 1 月，慈禧太后决定废掉光绪帝位，改立载漪之子溥儁为大阿哥，以继承皇位。慈禧太后宣布立溥儁为大阿哥后，遭到各国公使的抵制，拒予承认。慈禧太后大为光火，便将利用的目光对准了义和团。得到鼓舞的义和团运动从山东蔓延至京畿重地，继续对“洋鬼子”挥洒热血。

义和团的迅速发展使列强侧目，决定趁他们未成气候前予以镇压，纷纷照会清政府：如果无力清剿，将出兵代为镇压。

6 月 10 日，俄、英、美、日、德、法、意、奥等八国共两千余人，在英国海军中将西摩尔的率领下，向北京进犯。

6 月 16 日，举棋不定的慈禧太后听闻列强要她还政光绪的消息，大为恼火，与众人胡乱开了几次家常会议后，于 21 日豪气万丈地对八国宣战，宣战诏书让人热血沸腾：

> 我朝二百数年，深仁厚泽，凡远人来中国者，列祖列宗罔不待以怀柔。迨道光、咸丰年间，俯准彼等互市，并乞在我国传教……蹂躏我人民，勒索我财物。朝廷稍加迁就，彼等负其凶横，日甚一日，无所不至。小则欺压平民，大则侮慢神圣……然彼等不知感激，反肆要挟。昨日公然有社士兰照会，令我退出大沽口炮台，归彼看管，否则以力袭取……朕临御将三十年，待百姓如子孙，百姓亦戴朕如天帝。况慈圣中兴宇宙，恩德所被，浃髓沦肌，祖宗凭依，神只感格。人人忠愤，旷代无所……尔普天臣庶，其各怀忠义之心，共泄神人之愤，朕实有厚望焉！

此宣战诏书如此威武，闻之令人腰杆一挺。可这腰杆是挺得了一时还是一世，还需刀枪见分晓。

东南互保时

前文说过，大人物做起事来，有时就像开玩笑似的。纵使有豪气干云，力拔山兮之表，怎奈，诏书不过一纸空文，成败自有兵戈来断。

慈禧太后对各国宣战，大有鲸吞八国联军之势。1900 年 6 月 14 日，张之洞和时任两江总督的刘坤一接到芦汉铁路大臣盛宣怀的电报：各国正在筹设，如两公再不设策，危殆即在旦夕。

尔时，两江总督刘坤一、湖广总督张之洞、两广总督李鸿章、邮政大臣盛宣怀往来电报商议如何保持东南各省的稳定，避免列强有借口入侵。

6 月 24 日，盛宣怀又致电三人，万望三人不要公布宣战诏谕，尽快与各国订约，上海租界由各国自己保护，长江内地由督抚保护，互不相干，这便是“东南互保”的大致格局。

接到盛宣怀的电报后，刘坤一和张之洞急召幕僚会商，分别派沈瑜庆、陶森甲前往上海，商谈订约事宜。由于辜鸿铭通西方诸国语言世情，张之洞便让他随行，方便与洋人打交道。

辜鸿铭心向义和团，到了上海逢人便骂洋人咎由自取，谁叫他们欺侮国人。此番上海谈判，他摩拳擦掌地准备好了自己那一身雄辩的外家功夫，而此时的他在上海已是声名鹊起的人物了。

第一次同英国驻上海总领事华仑会晤，辜鸿铭天南地北地谈了半天的题外话，华仑早闻其名，只是静静地听着。第二次谈判时，辜鸿铭意犹未尽地继续谈论天下大事，华仑忍不住说：“咱们还是谈正题吧，你所说的都是过去的事了，咱们要谈的是将来。”

辜鸿铭心平气和地应道：“你若是不认可我所说的先前之事，咱们有什么基础去谈将来呢？”

第三次见面，辜鸿铭又痛快地鞭笞了一番洋人的所作所为，而后才接触到正题，而此时的华仑连争辩的兴趣都没有了。

最终,《东南保护约款》订立，内容如下：

> 一、上海租界归各国共同保护，长江及苏杭内地均归各督抚保护，两不相扰，以保全中外商民人命产业为主。
>
> 二、上海租界共同保护章程，已另立条款。
>
> 三、长江及苏杭内地各国商民教士产业，均归南洋大臣刘、两湖总督张，允认真切实保护，并移知各省督抚及严饬各该文武官员一律认真保证。现已出示禁止谣言，严拿匪徒。
>
> 四、长江内地中国兵力已足使地方安静，各口岸已有的外国兵轮者仍照常停泊，唯须约束人等水手不可登岸。
>
> ……
>
> 八、内地如有各国洋教士及游历洋人，遇偏僻未经设防地方，切勿冒险前往。
>
> 九、凡租界内一切设法防护之事，均须安静办理，切勿张皇，以摇人心。

同时订立《保护上海城厢内外章程》。

至此，南方局势渐稳。据说，策划东南互保之时，面对朝廷气吞山河的宣战诏书，李鸿章率先称此上谕为矫诏，并以刘坤一、张之洞的名义致电称概不奉诏。

东南互保很快影响至福建、浙江等十余省，这个独立于朝廷以外的活动，是各手握实权的汉族封疆大吏首次反抗朝廷。此后，清廷治下各省及各权臣逐渐开始军阀化，至民国时期尤甚。

南方总算松了口气，而北方正处于水深火热之中。在洋人枪炮的淫威下，北京近郊即将失守。慈禧太后，这个眼睛一瞪便向八国宣战的威风老太太，此刻慌了神，满脑子都是议和之事，急宣李鸿章回京。李鸿章不紧不慢地回到京城后，于8月7日被任命为议和全权大臣，而列强公使却表示不进北京城决不罢休。

8月14日凌晨，慈禧太后带着光绪帝和一众亲信爱臣逃之夭夭，向西去了，曾经王气蔚然的紫禁城，就这样留给了如狼似虎的八国联军，所受之洗劫，一言难表。

1901年，《辛丑条约》签订，辜鸿铭则将近一年发表于日本横滨《日本邮报》上的文章集结成书，定名为《尊王篇——一个中国人对义和团运动和欧洲文明的看法》，并在上海刊行，此时的他已经颇受欧美人士瞩目了。

据赵凤昌回忆，《尊王篇》出版时“各国竞购读之”。罗振玉亦说：“欧人争传诵，当时为之纸贵。”

在书中，辜鸿铭为慈禧太后喊冤，为义和团运动鸣屈，对洋人和康有为等批评慈禧之人大加批判。

他在书中用英文写道：“义和团之所以反抗洋人，是因为他们看不起我们……我曾记得一个英国人说：你们中国人是很聪明，但在我们看来，你们就是下等种族。”

辜鸿铭还对洋人大加批判，斥责他们是强盗，而中国必将以忠君和礼教团结下去，洋人分割中国的妄想断不会得逞。

辜鸿铭因《尊王篇》博得了更多声望，而他在西方社会的影响，远远超过了康有为、梁启超，甚至超过了严复。有人说：“近代西方世界开始真正认识中国，就是从辜鸿铭开始的，而他们真正认识辜鸿铭，也是从这时开始的。”

有学者认为“辜鸿铭是第一位能在西方引起强烈共鸣并受到广泛尊敬的中国学者”。辜鸿铭在文学史上的地位亦极高，因为他是中国最早被提名诺贝尔文学奖的人。

与八国联军议和之时，张之洞与李鸿章发生了分歧。

张之洞认为此条约一定，有损京城防务，建议圣驾定行都于长江上游一带。不得不说张之洞此举包藏私心，此时他已是当仁不让的权臣，手握重兵，如果圣驾南移进入他的统辖之地，对他而言是天大的好事。

心力交瘁的李鸿章动了气，上奏说毋听张之洞书生见解，二人早先的矛盾逐步显露。

陆续，二人又就赔款数额和俄国从东三省撤军的问题争论不休，矛盾恶化，闹到了朝廷上，朝廷不得不出面调停。调停后二人依旧互不相让，口诛笔伐，最让人哭笑不得的是，有一次二人吵嘴竟吵出了一副妙对。

李鸿章骂张之洞：“香涛做官数十年，犹是书生之见也。”

张之洞闻之大怒，反唇相讥：“少荃议和两三次，遂以前辈自居乎。”

作为张之洞的得意幕僚，辜鸿铭自然提笔上阵，屡屡讥讽李鸿章，为张之洞出一口气。一次，梁敦彦到辜鸿铭家做客，辜鸿铭兴致勃勃地讲起了李鸿章的糗事。梁敦彦问：“人言李中堂妙事甚多，汤生可知一二？”

“你指哪件？”

“就是中堂大人吃狗一事。”

辜鸿铭深吸一口烟，笑着频频点头：“如此雅事岂有不知之理？”

原来，李鸿章早年出访伦敦时，已故海军上将戈登的家属送给他一只屡次获奖的名犬，据说还得过“狗王”的称号。戈登的家属曾写信询问，李鸿章在回信中这样写道：“唯是老夫耄矣，于饮食不能多进。所赐珍味，欣感得沾奇珍，朵颐有幸。”

辜鸿铭笑着说：“填了李中堂的肚子，这狗也算死得其所了。我这里倒是还有李中堂的一桩雅事。”

“哦？愿闻其详。”

辜鸿铭略带狡黠地笑笑，娓娓道来：“中堂大人出访美国时，在华盛顿国立图书馆可是受了大委屈。他老人家想在图书馆里吸烟，却被拦住了，要知道人家可是在太后面前都敢吸烟的！中堂大人憋了一肚子气，刚出门便无所顾忌地吐了口痰。谁知竟有工作人员上前责备他，并让他将痰迹擦去。中堂大人气不打一处来，让随行人员去做，但人家非要他自己擦。他老人家哪里肯做，便被罚了款。”

梁敦彦捧腹大笑：“这可是天大的委屈了！”

张、李二人闹矛盾时，辜鸿铭常尽自己所能，对李鸿章口诛笔伐，以维护对他有知遇之恩的张之洞。在张之洞幕府，痛骂李鸿章已蔚然成风，成了时尚之举。

张之洞和李鸿章虽政见不同，却殊途同归——终究是为了他们心中至高无上的清王朝。怎奈老臣心敌不过天下势，没有看到紫禁城的日落，对他们而言大概也是一种幸运吧！

辛丑风云等闲过

智说瓦德西

20 世纪初，席卷中国大地的侵略风暴，令中国人的心灵和身体都被强行洗刷，被迫蜕变。这种血淋淋的蜕变，带来了空前的苦痛，最终导致了一个王朝的衰落和湮灭，天翻地覆，山河变色。

那是 1901 年，辛丑年。最丧权辱国之条约签订，功过于一身之李鸿章故去。

前文曾提及张之洞与李鸿章的矛盾，而辜鸿铭，可谓是张、李二人矛盾的全程见证者。据晚年的辜鸿铭自己讲述，在那场空前绝后的议和中，他就在北京伴随议和全权大臣李鸿章左右。

八国联军入侵北京时，担任联军统帅的是德国陆军元帅瓦德西。他很兴奋地以为有仗可打，但在他从欧洲出发之前，北京就已经被占领，他来到这里时已经是两个多月之后了。不久后，战争进入到议和阶段。张之洞召集幕僚反复商讨，还与辜鸿铭来了次单独谈话。

他对辜鸿铭说："李中堂已抵达京城，与庆亲王一起主持议和之事，可进行得不甚顺利。朝廷发来电谕，让我与岘庄（刘坤一）参与议和事务，我准备派你到京城去。"

辜鸿铭微微一怔："到京城去？"

"你去协助庆王爷和李中堂吧！"

辜鸿铭顿感肩头担子颇重，同时又兴奋不已，抱拳说："汤生此去必不辱使命！"

张之洞轻啜一口香茶，欣赏地笑笑："我得提醒你两句，此番谈判不同于东南互保之时。现在咱们处于劣势，洋人会提出许多无理要求，你要多加小心。"

辜鸿铭理直气壮地说："汤生记下了。错的明明是他们，就算咱们处在劣势，我也不惧。"

张之洞拉过辜鸿铭的手，叮嘱说："汤生啊，到了那边，你这牛脾气得收起来。你协助庆王爷和李中堂处理议和大事，此事关乎国计民生，你口才好，通西洋诸事，务必要在庆王爷和李中堂面前将当前形势细细分析给他们。不要太倔，却也无须一味退让。和谈的进展，朝廷的动向，庆王爷和李中堂的看法，你要随时电告我。"

辜鸿铭挺起胸脯说："香帅放心。"

张之洞点点头："另外，你要告诉王爷和中堂，我已全线布防，防止敌军南下。如若和谈不成，咱们便给洋人来个包抄，洋人知道咱们的志气，不敢过于放肆。天下兴亡，匹夫有责，一言可以兴邦，你要尽全力，去吧！"

望着为国事操劳，日渐苍老的张之洞，辜鸿铭的眼眶红了："香帅，你要保重身体，不用过于忧心。"

张之洞大笑着说："我这条老命还要留着看国家强盛起来呢！"

到京后，辜鸿铭一刻不敢耽误，直奔李鸿章居住的贤良寺。因为临近紫禁城，许多外省官吏进京述职多居于此。李鸿章第一次进京时，便居于贤良寺，而他弥留之所亦是此地，他与贤良寺之缘，可谓千丝万缕。

李鸿章见了辜鸿铭很高兴，连忙将辜鸿铭引入屋内。

二人落座，一番寒暄后，辜鸿铭切入正题，问道："联军统帅瓦德西现在有什么想法？"

李鸿章一双老眼无奈地眨了眨，答道："这个瓦德西时常以拜谒为名，到庆王爷府中行恫吓之实啊，对王爷极为不敬！不仅如此，他竟然在皇宫里驻军，窃居仪銮殿，真是岂有此理！"

辜鸿铭蹙眉思索，继续问："他们提了什么条款？"

李鸿章略一摇头："还未提，只是跟王爷吹胡子瞪眼睛，威逼王爷写降书。还扬言如果不从，就要将京城烧光，将王爷捉到欧洲去。这瓦德西如狼似虎，王爷敢怒不敢言。"

辜鸿铭摩挲着茶杯，垂眼思考。

李鸿章焦心地咳嗽几声，补充说："他们还列了一个名单，要严惩庄亲王载勛、端王载漪、辅国公载澜等数位亲王臣工。幸好，他们没把老佛爷列在其中，不然老夫可不敢做这个议和全权大臣！"

经历过东南互保后，辜鸿铭的谈判经验也算丰富。他需摸清此时已谈到什么程度，便问："中堂大人与瓦德西见面时，他是什么态度？都说了些什么？"

"与我见面时，他还算有礼，只是坚决要求严惩所列从犯。如果不接受，他们就要撕破脸皮索要首犯了。哼，如果连庄亲王都算从犯，老夫简直不敢往下想，瓦德西欺人太甚了！”

辜鸿铭根据自己对德国人和瓦德西的了解，对李鸿章说：“只要我们派人，就他们的公使被刺杀一事道歉，名单的问题也就解决了大半。”

李鸿章深感悲观：“怕是不会这么简单！其他各国虎视眈眈，都盯着咱们呐！”

辜鸿铭见年迈的李鸿章如此悲观，随即用起唇舌功夫对他进行心理疏导，分析当前天下大势。辜鸿铭指出，国家眼前虽风雨飘摇，然而几千年的根基、文化，不是说动便动得了的！京城虽被占领，然而太后与皇上都安然无恙，南方有张大人布防，固若金汤。而敌军由数国组成，内部利益瓜葛矛盾重重，不足为患。

辜鸿铭一番高谈阔论后，李鸿章赞许地点头：“不愧是香帅看中的人才，天下大事都被你尽收囊中啊！”

“中堂大人谬赞了。”

“我带你面见王爷，你将方案统统告知我们。”

二人走出贤良寺，向庆王府赶去。

这个深冬异乎寻常的冷，惯居南方的辜鸿铭感觉到浑身上下似有针扎火燎一般。肃杀的北京城上空，飘着星星点点的雪花，自被八国联军占领以来，北京城便如一潭死水，整个城的生气似乎被冻死了。

两人来到庆王府，庆王爷笑着迎出来。这些天，他被瓦德西扰得食不知味夜不成眠，整个人憔悴了许多。

李鸿章将辜鸿铭介绍给庆王爷：“王爷，喜事呀，张香涛派来了他的心腹谋士，来助咱们降妖除魔。明日你只需在府中摆下筵席，宴请瓦德西，任他如何狂妄，汤生自镇得住他。”

庆王爷仔细打量了一下辜鸿铭，心道：本王一见瓦德西就腿软，此人真有那么大能耐？不禁开口问道："先生怎么如此有恃无恐？"

辜鸿铭笑道："王爷和中堂可听说过，瓦德西在八大胡同有个相好，叫作赛金花的？他对中国女人的好感，正是晚生给他灌输的。"

原来，早在巴黎留学期间，辜鸿铭便通过那个名妓房东认识瓦德西了，与他交情还算不错。

次日下午，瓦德西来到庆王府，李鸿章特意避开，辜鸿铭则按照计划，藏于屏风后。庆王爷摆着笑脸把瓦德西迎进大厅，落座后，瓦德西抽出雪茄，点着吸了两口，便强硬地对庆王爷说："哼，你们太后就是个品行低劣的老太太，没有资格代表你国人民。而你，不过是个待决的囚犯，没有资格和我讲话。你们听吩咐好了！"说完，傲然起身，作势离去。

忽听一人用流利的德语道："瓦德西，想不到你如此无礼。你才没资格代表你们光荣的恺撒，我要给德皇陛下去电报，揭露你的无礼。"

原来是辜鸿铭从屏风转了出来。

瓦德西大吃一惊说："原来是老友你呀！你和他人一样打扮，还挂着根辮子，我险些认不出你来哩！"

大家重新落座，辜鸿铭吸着瓦德西递来的雪茄烟，痛心疾首地说："我且问你，中国现在所处的情况，不正是贵国所经历过的吗？"

瓦德西点头，沉吟道："不错。"

辜鸿铭接着问："那时候，让贵国处于水深火热之中的是哪些国家，你没有忘记吧？”

瓦德西面上发窘，说：“自从拿破仑侵略我国而后，压在我们头上的是奥地利和法国。”

辜鸿铭有理有据地说：“贵国威廉一世大帝雄才大略，文修武备，驱走奥地利和法兰西，才有了日耳曼民族的今天。除此之外，他还有过什么彪炳于史的伟业？”

瓦德西两眼一亮：“当然是帮助意大利复国！”

辜鸿铭见他已然落入圈套，继续说：“兴灭国，继绝世，是中国绵延数千年的文化，也是威廉一世大帝救民水火的目的，而非如今的德意志至上思想，只有你们是天之骄子，他国沦为俎上鱼肉也无妨。”

瓦德西深深点头称是：“先生之博思，我佩服万分。我们的先人以鲜血换民族自由，助他国复兴，我却带着联军入侵他国，有违真理。”他起立用坚定的口吻说：“我会尽力助贵国一臂之力！”

瓦德西转头对庆王爷致歉：“适才，我对王爷无理，还望海涵！”

辜鸿铭当即译予庆王爷。

庆王爷说：“无妨，小王只愿和谈顺利，早日恢复邦交，使民心安定啊！”

瓦德西对辜鸿铭再三致意：“如果不是先生救我于深渊，我怕是要辜负上帝了。明日，我就迁出仪鸾殿。”

辜鸿铭说：“不必急于迁出仪鸾殿，待斗到白热化时再迁不迟。眼下之急，是整饬军纪，保护殿宇，及早顺利议和，恐迟则生变啊。”

瓦德西对辜鸿铭说：“以先生的学问，应受国士礼遇，不知先生现居何职？”

辜鸿铭自谦地笑笑：“归国后，我追随张香帅左右，一面为他办事，一面潜心钻研中国文化。”

“有一次英国的赫德老先生来见我，给我看了你刊载在伦敦报纸上的文章，道理深刻脍炙人口。原来先生一直在研习中国文化，怪不得，怪不得。”

二人交谈甚欢，晚宴过后，瓦德西告辞而去。这一番智说，着实让辜鸿铭的巧舌风光了一回。

辜鸿铭虽在口头上占了上风，却不得不时刻提醒自己，中国此刻，正处于几千年来前所未有之下风。

各皆怀鬼胎

晚宴次日，辜鸿铭又与瓦德西碰面，二人吸着香烟，瓦德西说：“你爱抽洋烟，我带了一箱土耳其烟来，明日给你送去，不致见拒吧？”

辜鸿铭谢过他的厚意，说道：“你首先去拜见意大利公使，像我说服你一样说服他，而后再去见奥、美、日的公使，接着和英、法斗，最后再对付最为居心叵测的俄国，和谈能否顺利，就靠你了。”

瓦德西建议说：“贵国朝廷是战是和，政策一直摇摆不定，云遮雾罩。先生当和王爷、中堂商讨出统一的方针，别让狡猾的俄国公使钻了空子。”

辜鸿铭点头说：“我知道了，我去同王爷和中堂商议，各国公使那里就拜托你了。”

瓦德西去后，辜鸿铭马上去见李鸿章。告座后，李鸿章笑说：

“昨夜王爷已差人来告，说晚餐很成功，汤生大显身手驯服了瓦德西这头野兽，正在府邸等我二人磋商下一步计划。俄国公使刚才来过，他说：瓦德西回仪鸾殿后，便着手整饬联军纪律。此举表明瓦德西统帅对贵国态度有所缓和，看来顺利议和指日可待了！特来将此喜讯告知中堂大人，中堂大人不必过于操劳。”

辜鸿铭意味深长地笑笑：“果然如瓦德西所言，这俄国公使既奸且猾，中堂大人小心，他们这是口蜜腹剑。”

李鸿章问：“你早上见过瓦德西了？说了些什么？”

辜鸿铭便将会谈内容一五一十相告，李鸿章不禁大叹：“瓦德西能挺身而出，帮助我国，解决议和问题，比许多国人还强得多呢。不得不叫我想起甲午一战，宋庆、卫汝贵之流滥竽充数，我那时糊涂，让他们掌兵。你明日替我向瓦德西致谢，勿要忘了。”

二人又去庆王府，庆王爷对辜鸿铭大加赞叹：“实不相瞒，本王一见瓦德西就小腿抽筋，你为何毫无惧色？”

“晚生研习中华文化多年，从尧舜至周孔，皆在我身后、在我底气之中，何惧之有？”

三人又进一步商量起议和之事，辜鸿铭铿锵有力地说：“联军若要我国割让领土、分食中国，则誓死一战，绝不示弱，此是一。如果各国索取赔款数目过大，咱们负担不了，他们必定进而要求以海关、铁路、矿山、邮政等作为抵押品，并在这些地方安插他们的官员，如此一来中国便永无翻身之日，所以坚决不能退让，此是二。除此两条，我们当然乐于和联军议和。这是关乎国家存亡的原则问题，坚决不能妥协，王爷与中堂以为如何？”

李鸿章的一张老脸忽现憔悴之色，似有病容。辜鸿铭想，李中堂什么场合没经历过，向来心若止水，今天却因我的一番言论心荡了吗?

庆王爷拍板道:“就这么定了，等瓦德西的回音吧！李中堂要注意身体，赶快回去休息吧。”

第三天清晨，瓦德西来到辜鸿铭寓所，告诉他:“意大利公使带来消息，英、法、俄三国公使昨日到意使馆会商，结论是要求严惩罪魁，并提出赔款数额——白银七亿两。意大利公使说，其余一切遵照我的决定行事。”

瓦德西接着说:“奥地利公使也表示完全支持我，他也认为俄人狡诈万分，将其余国家当枪使，待清朝国力耗尽，便私下威逼中国与其复签密约，割让东北。英、法二国利欲熏心，甘愿做人家的枪。中国可悲，英法可笑!

“美国公使对我表态，说‘不能向中国索要如此巨额之赔款，一旦激起了全中国的愤怒，张之洞等人率南方五省一鼓作气攻过来，联军将陷入无休止的大战中，而到时得利的是地理占优的俄国。我不会被暗藏祸心的俄国牵着鼻子走的。’

“日本公使原本说‘赔款数额就是七亿，这个不能减少。不过如果俄使要使坏，侵吞东北三省，我们坚决不会同意’！后来，日本公使又说‘我会对奥、美、意三国公使的意见加以斟酌’。先生不必担心，我自会继续从中斡旋。”

听罢瓦德西一席话，辜鸿铭没有细问，马上赶往贤良寺，心想若是碰见俄国公使，就骂他个狗血淋头。转念一想，别说自己此刻穿着便衣，就算是改穿官服，以自己的品级也没资格同他们见面。

急急步入李鸿章起居室，见庆王爷早已来探视病情了。李鸿章斜卧在榻上，满面病容，心力交瘁。见辜鸿铭来了，李鸿章强支病体，说："适才俄国公使又来了，说联军索赔七亿两银子，他拼命争取，才减了一亿，降为六亿。想来再减少是不可能了。"

辜鸿铭一听，不禁对俄国的奸猾咬牙切齿："他们倒做起好人来了，中堂有所不知，提出索赔七亿两银子的正是他们和英、法三国。瓦德西还在周旋，奥、美、意三国公使很支持他。中堂好好休养，不必在意俄国公使的连篇鬼话。"

接着，辜鸿铭将瓦德西所述之情形详细讲给李鸿章。李鸿章的脸色好看了些，却依旧愁容不展："好在没有割地之忧，只是这巨额的赔款，朝廷实在拿不出了。"说罢一声长叹，五内如焚。

辜鸿铭说："今八国已有五国反对，中堂不需过虑。"

"他们反对七亿，却赞成六亿。"

辜鸿铭郑重地说："中堂大人，那确是俄国人在使诈而已。"

"何以确定？"

"他私下里来见中堂，就是怕走漏风声致使他国不满。没有各国公使当众提出，此事就是假的，这种鬼话中堂大人千万别信。"

李鸿章沉默了。辜鸿铭心想，看来他多半还在惦记着以国家领土讨好俄国，借其制约他国之事。唉，殊不知俄国人是喂不饱的啊！

回到住处，辜鸿铭深感和谈前途迷雾重重。庆王爷虽是亲王，但处处畏缩，恐担责任，况且和谈之事的裁决大权，太后是交给李鸿章的。如果连庆王爷都左右不了李鸿章，那他的力量就更渺小了。辜鸿铭谨记着张之洞的嘱咐，将和谈进展及各国公使态度一一电告给张之洞。

张之洞电告辜鸿铭，该坚持的当一直坚持，此刻李鸿章身上有千斤之担，心力交瘁，要侧面引导他，避免正面碰撞。

就这样，张之洞通过辜鸿铭，时刻关注和谈进展，同李鸿章针尖对麦芒，对于议和条款一一发表意见，令李鸿章大感头疼。

第四天清晨，瓦德西又来找辜鸿铭，称："英、法二国公使得知我已联合除俄国外其他公使，准备和他们三国作斗争。英公使慑于美公使反对之压力，表示'赔款数额可以再做斟酌'。"

瓦德西接着说："我抓住这个'再'字，问英国公使说的再斟酌是指什么？英国公使说他前日和意、奥、美三国公使磋商赔款数额，原拟七亿两，昨日又和俄、法二国公使磋商，削减为六亿两。英公使正准备去见我，没想到我会登门。"

"哦？你再给我详细讲讲。"

瓦德西便细细说起当时的情形。

接下来瓦德西问英国公使："阁下见过日本公使了吗？"

英国公使说："已经见过面，我们的意见是一致的。"

瓦德西又问："俄国公使已将你们的决定通知中国议和全权大臣李鸿章，阁下可知？"

英国公使脸色变了变，回答："我不知道此事，元帅从何而知？"

瓦德西说："李大人病了，派人告诉我，不接受六亿这个数字，要求继续削减。"

英国公使愤然说："俄国公使居然私下里为本国牟利，公然违反规定。请元帅通知各国公使，明日开会，首先讨论这个问题，再讨论赔款数额。"

瓦德西说："请阁下注意俄国公使的目的。"

英国公使愤怒地说："我当然明白他们的私欲。明日我将协同诸国公使，提出东亚均势建议，看俄国公使的小聪明如何得逞？"

瓦德西说："这点我完全同意。但有两点请阁下注意：首先，罪魁未惩，便不可展开议和。其次，赔款数额必须降低，不能逼中国过甚，一旦中国铤而走险，倒向俄国一方，于各国都不妥。而且，在先决问题未解决之前，不允许有哪国公使私自行动，达到不可告人之目的。”

英使点头称是。

最后，瓦德西对辜鸿铭说：“现在的局势是乐观的。不过李大人的亲俄心理，实在令人担忧。而且，他的亲俄想法，大概也是贵国皇太后的想法吧。”

辜鸿铭凝眉沉思，不置可否。

瓦德西继续说：“若有公使再去私自拜见李大人，请你还像前天那样，马上遣人通知我，我好做准备。并请你电告张总督，让他联合其他总督给李鸿章来电，干预和谈，支持他采取强硬态度。这样我们在会议席也好说话。先生放心，我不下令，大战不会轻易爆发。”

辜鸿铭点点头：“如此便拜托你了。”

看着瓦德西离开的身影，辜鸿铭回想着那些公使间风云诡谲的利益纷争，李鸿章的亲俄和庆王爷的冷漠。世界上最可畏的，便是难测的人心，辜鸿铭深感议和之路会越走越险。

慧眼识沉疴

第五天早晨，辜鸿铭向李鸿章请安，将瓦德西通报的消息简要告知。

李鸿章面露喜色，又略带不悦：“俄国公使见我一事，似可不必宣布，如此便少一耳目。”

机敏的辜鸿铭将李鸿章的不快看在眼里，便说：“俄国公使此时好比《聊斋》中披着画皮的妖孽，激起公愤当众撕破他的画皮，让他露出本来面目，是最好的选择。不过晚生未经中堂大人允可，便脱口将俄国公使私自行动一事告知瓦德西，晚生有过，请中堂大人治罪。”

李鸿章温言说：“这是哪里的话。不过汤生，你需切记，为朝廷办事，务必按命行事。不然，哪怕你的初衷是好的，也会有人要找你的碴，丢官丢命的都不少，这是老夫混迹朝堂几十年的一点点经验之谈。烦你一行，将瓦德西传达的信息告知王爷。”

辜鸿铭去庆王府的路上，又逢京城飘雪。抬头望向灰暗的天空，只叹笼罩在紫禁城上空的铅云，不知何日才能散去。

辜鸿铭向庆王爷汇报一番，并检讨了自己的擅自行事。

庆王爷笑道：“国家大事，要有规矩，李中堂说得很对啊。他向来爱才，当年在他老师曾文正（即曾国藩）面前，也犯过许多这样的错误哩！他不会怪罪你，但你今后也要多注意。”

庆王接着说：“李中堂救国心切，病急乱投医，始终对俄抱有幻想，不似张、刘二位总督跟得上国际形势。我并非没有忠君爱国之心，不负责任，只因对于这些我也不懂，难以说服李中堂。你留洋多年，汇通中西，必可以争取到最后。”

辜鸿铭静静听着，思绪万千：庆王爷说自己不懂，确实有道理，只是他惧于承担责任的成分更大些吧。

庆王爷又说：“东南互保时，李中堂也曾和张、刘二位一道不奉诏，敢于朝廷外私自行事，但他们几位对于战争的理解显然不同。张、刘寄希望于坚决抗争，举全国之力与侵略者大战；而李中堂则寄希望于外交，以图和平，使四万万生灵免于战火。忠君爱国之心相同，而路线不同，见仁见智。我生于深宫之中，长在妇人之手，活到这个年纪，连京城都没出去几次，不敢对天下大事妄加评论。不过我也看得出，洋人内部有很大分歧，外部又慑于我们会和他们大战一场，就现在实际情况观察，议和前途是可乐观的，愿与汤生共勉之！以后，凡有你不便和李中堂直说的话，可以先说给我，你我共同商讨之后，再酌量向中堂提出也未尝不可。”

一天早晨，瓦德西来到辜鸿铭的寓所，说：“昨天，联军各国公使、将领开了全体会议，主要有四个议题：一是我提出的，重申和谈的先决条件，不惩办罪魁，不和中国进行和谈。所以，有关议和问题，可以提前讨论，但决不能在此问题未解决前，向中国提出。俄国公使起立说：‘先决问题当然要坚持，但可适当减少所列罪犯，请付大会讨论。’英、法、日公使提出反对，美、奥、意公使主张‘可以适当取消几名，以免有碍议和’。”

瓦德西接着说：“必须惩办罪魁这一先决条件，是敝国皇上给我下的死命令。所以，我来到这里后，首先向联军各国公使提出，他们也一致同意。我不敢出尔反尔，故此采取釜底抽薪之法，暗暗请求美、奥和意国公使提出减少所列罪魁的提议。至于俄国公使，不用我开口，他也会主动钻空子，去讨好贵国全权大臣李鸿章，为俄国牟私利。还有，我希望你抓住这个时机，向英美杂志报纸投稿，以纸笔创造和平气氛。”

瓦德西接着说：“第二个议题是‘东亚均势’，由奥、意、美、英和日本公使联名提出，大意为各国不许私自与中国订和约，这一条得到全体认可。第三个议题是由俄国公使提出：各国公使是否可以在全权大臣李鸿章卧病期间前去慰问？还是需选派代表？会议决定，各国公使可前去慰问。第四个议题由英、法、俄、日四国公使联名提出，还是要求六亿两白银的赔款。美公使反对，奥、意公使也相继出言反对。后来，我宣布休会，让他们就第一、第四个议题私下讨论。”

瓦德西说得口干舌燥，辜鸿铭则竖起耳朵仔细听着，生怕漏掉半点信息。

“午后，我去拜访赫德先生。赫德先生很慨叹地说：‘东亚现在的情形，用中国的一句诗来讲，就是山雨欲来风满楼啊。今日，中国与各国签下和约，明日，日、俄大战恐怕就要爆发。英、日二国公使，只是肤浅地贪图巨额赔款，一味索要，将中国视作印度，将俄国看作一个皮球，自负地以为一脚就可将人家踢出东三省。可事实刚好相反，人家俄国正把联军当皮球踢，而且还想把球踢爆……美、奥二国公使所言完全正确，希望元帅掌好联军的舵，不要给俄国以可乘之机！’”

瓦德西离开后，辜鸿铭立即赶往贤良寺。李鸿章正用午餐，便招呼他一起吃，辜鸿铭也不客气，坐下就吃。

辜鸿铭将瓦德西所言一五一十告知李鸿章，李鸿章舒了一口气：“若真能削减罪魁名单，载漪、载澜二人的性命便可保全，朝廷也不会再连发电谕责难我们了。”

联军提出的罪魁名单，一直令李鸿章寝食难安。联军、朝廷双方施加压力，而把持朝政的载漪又被列为头号罪魁，现在总算能给朝廷一个交代了。

辜鸿铭紧接着说出早就想问的话：“中堂大人，大阿哥废立之事……”

“既然洋人没提，咱们何必自寻烦恼？”

然而，辜鸿铭早就考虑到，大阿哥问题不解决，早晚成内患，便说："中堂大人高见，不过晚辈想，保证皇上不被废的最合适选择，就是依靠联军的力量，废掉大阿哥。比起议和，此等家国大事更重要啊。"

辜鸿铭的慧眼独具让李鸿章暗暗吃了一惊，说："我老了，脑袋转得没有你快啊！你赶快去见王爷，先回报今天的新消息，再向他请教刚才你说到的问题。王爷是皇家的人，他自会有考虑的。"

辜鸿铭立即赶去见庆王爷，听罢他的见解，庆王爷立即说："皇上英明，无愧黎民，万不可废。可大阿哥不废，皇上就坐不稳。在这个问题上借洋人之手，全因一颗忠君爱国之心，我完全赞同你的看法，一定要借机处置大阿哥问题。"

两人同到贤良寺，李鸿章对庆王爷说："我就知道王爷自会有考虑。依我估计，各国公使很快会走马灯似的来我这，依二位看，我是该正式见他们，还是在病榻见？还有，我们的看法该如何提？"

庆王爷看向辜鸿铭，说："汤生通外事，就听他的吧！"

辜鸿铭说："晚生以为，应抱病在内室和各公使相见，并提出必须将载漪、载澜排除于罪魁外，态度一定要强硬。至于大阿哥的问题，应该通过一个中间人代为转达。"

李鸿章说："你的意思是……通过瓦德西？"

"正是。由瓦德西向各国公使提出，而且不能暴露出这是我们的意思。"

庆王爷和李鸿章对视一下，齐声说："那就这么办吧。"

终于将大阿哥一事定下，三人都不约而同舒了口气。

闲聊了片刻，李鸿章问辜鸿铭："你让我抱病在内室见他们，应该别有深意吧？”

辜鸿铭笑着说：“中堂大人若去了总理衙门，那些各怀鬼胎的公使必定轮流来叨扰中堂，跟中堂提各式要求。中堂不答应，他们便不依不饶地赖在总理衙门，反复纠缠。如果中堂抱病在内室见他们，他们必然会单独来见中堂，一旦遇到中堂不能接受的要求，他们必不敢以个人名义威逼，只好在开大会时报告，而不赞成他们要求的公使，便会当场反对他们。此次和谈，已经是德、美、意、奥四国对英、法、俄、日四国，由瓦德西出头，让他们在联军中自己去斗要好得多。毕竟，洋人敢在总理衙门和大人无理取闹，可在瓦德西面前，他们就不敢胡闹了。”

李鸿章听后，大为感叹：“看来，办外交还是需要你这种人才啊！可端王载漪却不惜人才，屠戮忠良，将袁昶、许景澄、徐用仪等人送上刑场。此次议和，如果没有你从旁协助，王爷和我不知要和那些洋鬼子斗到何年何月，我这把老骨头恐怕都会被他们弄散架。”

待三人聊完已是傍晚，李鸿章命人摆下酒菜，三人一边畅饮一边聊天直到午夜时分。聊到动情处，李鸿章更是老泪纵横，难掩沧桑。

千秋家国梦

第七天早晨，瓦德西又来找辜鸿铭，二人简要交换了意见，便同去贤良寺。

瓦德西对李鸿章说：“得闻全权大臣贵体有恙，特来探望。有关议和先决问题，也就是惩办罪魁一事，本帅愿尽力周旋，使东亚早见和平。”

李鸿章谢过他的美意，说："老夫的意见是，联军所列严惩名单中，务必取消载漪、载澜，其他悉听尊便。"

"那么，敢请中堂和王爷联名写一复照，本帅好言之有据。"

李鸿章马上派人去请庆王爷，写好复照后，二人先后署名。瓦德西得到复照，又对李鸿章嘘寒问暖一番，便离去了。

接着，其他各国公使接踵前来探视，皆是一副感同身受的表情，让李鸿章笑脸逢迎到疲惫。

第八天上午，瓦德西通知辜鸿铭说："今晨联军会议上，诸国公使一致同意李大人的意见，不再要求严惩载漪、载澜。另外，你们告诉我的废大阿哥一事，我让奥地利公使提出了，大家也没有异议。时至今日，议和的大门终于顺利开启了。"

随即取出联军复照，辜鸿铭仔细地看了又看后，一刻不敢耽误，带着瓦德西直奔贤良寺。

李鸿章瞪着一双老眼，细细阅过联军复照，说："我这就与王爷联名电告朝廷。联军复照上，废大阿哥问题与预期略有不同，不过端王载漪和他兄弟确可免死罪了，料想朝廷不会不准的。俟得复电照准，王爷与我便会签字。"

第九天傍晚，李鸿章得朝廷复电，准照此议决行事。

第十天早晨，联军各国公使在总理衙门签字，先决问题处理如下：

一、除徐桐、刚毅先死外，毓贤、启秀、徐承煜斩决。

二、庄王载勋、英年、赵舒翘均赐死。

三、端王载漪及其弟载澜发边外永禁。

四、某某等百余人禁锢革职，永不叙用。

五、大阿哥废。

六、于庚子（光绪二十六年）12月执行。

先决条件解决后，议和正式提上日程。

英、法、日、俄四国提出了名目繁多大纲，总共二十余条，美、奥、意三国公使坚决反对。瓦德西理所当然站在反对一方，请英、法、日、俄四国公使再做斟酌，不可逼中国太甚。

双方争持不下，转眼已过月余。英、法二国公使心中有气，便到李鸿章病榻前泄气，面目狰狞地威胁李鸿章，不要做自取灭亡的错误决定。

俄国公使却是像披着羊皮的豺狼，当着李鸿章的面，信誓旦旦说要为帮助中国讨公道，背地里却是另一副嘴脸。

日本公使则喜怒不形于色，典型的东方人做派。他每礼拜来一次，恭敬万分地问候李鸿章，外交问题却一句不谈。

美国公使则简短截说地表明态度，随意问候几句。

奥地利公使每次见李鸿章，都一脸慈悲地鼓励他振起精神，坚持斗争，并帮助分析问题。

意公使和日本公使态度差不多，很少谈及正题。

瓦德西则很少拜见李鸿章，一心忙于处理联军内部矛盾，只抽空将消息报给辜鸿铭，还说要让德国的随军医师给李鸿章看病。

漫长的和谈过程，让李鸿章病情加重。转眼数月，联军内部还在拉锯，始终没有明确的结果。

最后经瓦德西斡旋，各国才勉强统一意见，继续修订条款。

英、法二国公使又来见李鸿章，收起狰狞的面孔，皮笑肉不笑地说：“目前各国公使意见基本一致，正在修订具体条款，不出一两周便能知会大人签字，请大人为国着想，引得大战爆发便是自取灭亡了。劝大人不要学叶名琛，落得死无葬身之处的结局。”

说罢，轻蔑地看了李鸿章一眼，扬长而去。

李鸿章悲恸不已，老泪纵横地哭了起来，辜鸿铭赶紧到他病榻旁安慰。

李鸿章说：“我并非哭自己的身家性命，而是为国运而悲！”

辜鸿铭也被英、法二使的无理取闹气得浑身发颤，他竟在此等野蛮国度学习多年，枉费了他的大好年华。

辜鸿铭气愤地说：“大人之心天地可鉴，如今议和进行顺利，悲从何来？大战爆发与否，岂是他们随口一言可以左右的？他们以慰问之名，行恫吓之实，无理至极。请大人将此事告知王爷，再通知瓦德西，正告联军公使，从今往后拒见英、法二使，一定要逼得他们前来道歉。”

李鸿章擦擦眼泪，说：“算啦，别惹祸啦，权当他们是摸不得的老虎屁股。”

“但这机会难得啊。”

李鸿章摇摇头，索性两眼一闭。辜鸿铭知他心下畏惧，放轻脚步退出。

回到寓所，即电告张之洞一切情形：一方面是今日联军会议消息，议和前途大可乐观；另一方面，李鸿章态度大变，议和前途不堪设想！

电报发出后，即前去见庆王爷。

辜鸿铭心里明白，庆王爷在李鸿章面前常一言不发，把议和全权让给李鸿章一人担任，不告不问，不请不来，自有他难言之隐。但庆王爷心如明镜，与载漪那些糊涂虫完全不同。如今李鸿章已经不再争取，还在想着“以和为贵”，只要能把载漪兄弟性命保全就谢天谢地，至于条约内容如何，他都会签字。辜鸿铭知道，自己人微言轻，但倘得庆王爷一言相助，李鸿章便不得不多加考虑，或可有所补救。

庆王爷听了辜鸿铭的看法后，却说：“唉，只有请太后和皇上撤换全权大臣，但这也不是信手拈来得容易事。你要体谅我，我不能多言多说，好在机会很快就会到来！”

几句老奸巨猾之言，将辜鸿铭的满腔热血噎了回去，只好闭口，默默离开庆王府。回到住处后，辜鸿铭向张之洞发去电报，将一腔热血诉给这位明公。

次日清早，辜鸿铭连得张之洞两通回电，前电说：“莫忘了，寒窗苦读，所为何事？都说无官一身轻，而无官之人尚能挺身而出，为国家大事奔走呼号，我辈有官在身，肩有重担，何敢顾及个人利害，缄口不言？汤生，我实话对你说，此后有他没我，有我没他，我誓和他斗到底。”

后电说：“某君徒有冰雪聪明之头颅，却无忠君爱国之肝胆。他想推得一干二净，我定不饶他！”

辜鸿铭照旧去向李鸿章问安，恰逢张之洞的电报到了，照例对李鸿章一番斥责。李鸿章淡然一笑，说：“香帅做官数十年，犹发书生之见也。”

李鸿章的声音明显带着轻蔑，辜鸿铭心中不忿，说：“满口子曰诗云地掉进书袋中，黍麦不辨者，谓之书生。今张总督电报所陈二节，皆中肯之言。中堂为何不加斟酌，便发此言？”

李鸿章又来个闭目闭口，辜鸿铭咽下这口气，窝着火悄悄退出。回寓后，辜鸿铭将李鸿章所言电告张之洞，稍做歇息，继续向西方报刊投稿。

第二天上午，瓦德西匆匆闯进辜鸿铭的住处，面露难色："我确已尽力了……今晨，我没有拗过英、俄二使，联军会议最后决定，在英、法、日、俄所提的议和大纲十三条上签字。"

辜鸿铭一阵心悸，默然地听着瓦德西一阵叹息。

瓦德西见辜鸿铭不言，又说了些话，便告辞离去。辜鸿铭心下郁郁，仿佛塞了一团棉花。给张之洞发去电报后，他只是无力地呆坐着等回电，自知无法，也不能再有作为了。

尘埃终落定

在辜鸿铭向张之洞发电报前，瓦德西告诉他："美、奥、意和敝国提出和约大纲十条：

一、惩办罪魁；

二、派全权专使，赴日本和德国唁谢；

三、赔款二亿五千万两；

四、赔偿教会、教士所受损失；

五、准许外国传教士入境居住和传教自由，但不得干扰中国政治、法律，犯者准受中国法律处分；

六、立克林德碑于北京；

七、地方官保护外侨不力者革职，并向公使或领事道歉；

八、公使入觐仪节改从简易；

九、使馆驻戍兵，境内不准中国人居住；

十、大阿哥溥俊废。

俄、英、法和日本提出和约大纲十三条：

一、惩办罪魁；

二、公禁输入制造军火物资；

三、公私损失，一律赔偿；

四、使馆驻戍兵，界内不准中国人居住；

五、大沽炮台及京津军备悉撤；

六、各国可任指一地屯军，为京津之通路；

七、中国当特派专使走德唁谢，并立克林德碑于北京；

八、中国当特派专使赴日本谢罪；

九、改正现行之条约；

十、整理中国财政，以筹措赔款——四亿五千万两；

十一、改正总理衙门之事权；

十二、地方官保护外国人不力者，革职永不叙用；

十三、改公使入觐仪节，务从简易。”

辜鸿铭目眦欲裂，捂着心口恨恨地说：“这，这第二、第五和第六条不啻把中国变成他们的殖民地；赔款四亿五千万，不啻把中国的血吸干！墙倒众人推，他们就是一群豺狼！”

瓦德西点头说：“会上我也这样反对过，英国说我在替中国讨价还价，我语塞，一时哑口无言。美国公使揶揄说：‘都变成威尼斯商人好了！’见已无回天之力，我便气急败坏地先签了字，各国公使紧接着也都签了。”

瓦德西继续说：“奥地利公使始终面似冰山，我不敢再看他，便悻悻地宣布散会。”

辜鸿铭给张之洞发电报时，恐他不懂“威尼斯商人”，特意做了注释。电文发出后，他持电稿去见李鸿章。李鸿章接过扫了几眼，随意搁在一旁，又把眼睛闭上了。

第二天上午，瓦德西前来探问全权大臣李鸿章的病情，并问：“李大人有何表示？”

辜鸿铭说：“李大人已电报朝廷，现正等候回电。我想朝廷无论如何不会接受这十三条的。”

瓦德西说：“英、俄二国公使纯粹是两个无赖，会议上他们大放厥词，没有不敢说的，什么赖皮手段都能拿得出来。如果签约不顺，他们很可能以战争作威胁，咱们双方都要做好准备。”

终于，接到朝廷从西安发来的电谕：只允赔款二亿两，再多无法接受；第二、第五、第六条须取消，实乃丧权辱国；已饬江南独立五省与其他各省督抚作好战争准备，各督抚纷纷回电，随时可以挥师北上。

李鸿章领旨后，气愤地说：“那些个老家伙不明敌情，对太后与皇上胡言一通！”说罢，便将电文撕毁。

辜鸿铭痛心疾首地说：“依晚生看，是中堂大人不明敌情，而不是那些枢臣！联军内部依然矛盾重重，我们何不作壁上观？这丧权辱国之约不签也罢！大人抱定投降主义，不怕有辱身后清名吗？史官之笔不饶人！”

李鸿章愕然地望着辜鸿铭：“汤生以我为秦桧乎？”

辜鸿铭不顾礼数，言之凿凿：“卖国者秦桧，误国者李鸿章！”

又是一番软磨硬泡，清廷到底还是妥协了。

联军内部亦有利益纷争，吵闹过后，分赃停匀，提出具体条款。光绪二十六年十一月初六日（1900 年 12 月 27 日），清廷电谕议和全权大臣李鸿章、庆亲王奕劻：

奕劻、李鸿章电悉，览，所奏十二条大纲，应即照允，钦此。

1901年9月7日，庆亲王、李鸿章代表清廷签订《辛丑各国和约》，主要内容是：

一、清政府向各国赔款白银四亿五千万两。三十九年还清。

二、在北京设立“使馆区”。各国自己驻兵保护。

三、大沽炮台以及北京到大沽沿路的炮台“一律削平”。

四、惩办在义和团运动中和帝国主义作对的官吏。以后有反帝者，立斩。

五、改总理衙门为外务部，列六部之前。

在这份前所未有之丧权辱国的合约上，李鸿章将自己的名字“李鸿章”三字签成了“肃”字的模样。这三个字挤在一起，既挤在中国的国运上，也挤在李鸿章悲哀的心上。明眼人一观便知，李鸿章想以朝廷封给的身份“肃毅伯”，来落下这个肯定会让他永负骂名的款。

五内如焚的李鸿章在签字回来后，病情加重，大口大口地吐血，“大溲不下，吐血常作”，医生诊断为：胃血管破裂。

李鸿章在病榻上上奏朝廷：“臣等伏查近数十年内，每有一次挑衅，必多一次吃亏。上年事变之来尤为仓促，创深痛剧，薄海惊心。”

身为曾国藩的得意弟子，李鸿章毕生致力于“外修和好，内图富强”的愿景。事到如今，临终于病榻前，愿望算是彻底铲碎了。

1901年11月7日，李鸿章在皇城脚下的贤良寺魂归九泉。临死前，身着寿衣卧于病榻上的李鸿章倏地睁大双眼，嘴唇喃喃颤动，无言地流下两行清泪。匆忙赶来的老部下周馥痛哭道：“老夫子，有何心思放不下，不忍去耶？公所经手未了事，我辈可以办了，请放心去吧！”

李鸿章“忽目张口动，欲语泪流”，周馥“以手抹其目，且抹且呼”，其目遂瞑，须臾气绝，终年78岁。

李鸿章死后，以出卖主子为最大特长的袁世凯继任直隶总督兼北洋大臣。

影响晚清同光时代政局的李鸿章退出了历史舞台，他所代表的以洋务扶清的力量，也随之分崩离析，只留下张之洞尚以清廷柱石自命。

有辜鸿铭参与的一段辛丑风云旧事，系他晚年穷居北京，一身才华无处施展之时演绎的。虽有神化自己能耐之处，言谈确也中肯，处处流露书生意气。

这股子书生意气，颇有扶泰山之将倾，挽狂澜于既倒的豪迈。可历史终归是由现实组成，书生意气，是看不见摸不着的。不过，能在凭刀枪说话的时代，始终保有这种意气，却也难得。

山雨欲来风满楼

末路出新政

公元1900年，庚子年，看似社稷永固的清廷，如风中蓬草般飘摇。不只有压迫之风暴从外来，亦有反抗之风暴从内来。

这一年10月8日，郑士良受孙中山之命，率领会党群众600余人在惠州三洲田山寨起义，史称惠州起义，又称庚子惠州之役。

时任两广总督的李鸿章迅速扑灭了这场不算大的革命。然而内忧外患之风暴下，这场革命之火注定要烧得更烈。腐朽的大清帝国业已如枯木，火星一来，必呈燎原之势。

孙中山，名文，号逸仙，1866年生，广东香山县（今中山市）翠亨村人。种种经历自不必多说，他的传奇人生家喻户晓。

清光绪二十六年，1900年。曾向八国宣战的威风老太太慈禧带着一班皇亲国戚，整日价东逃西窜，寝食难安，心魂胆魄俱受震动，深感宗庙将倾，社稷不保。走投无路的慈禧不得不拾起她亲手扑灭的“维新”旗帜，重新包装一番，美其名曰“新政”，以挽救清廷岌岌可危的统治。

1901年1月29日，慈禧太后以光绪帝名义在避难处西安发布变法诏谕：

> “我中国之弱，在于习气太深，文法太密。庸俗之吏多，豪杰之士少……误国家者在一私字，困天下者在一例字，至近之学西法者，语言文字、制造机械而已，此西艺之皮毛，而非西政之本源也……舍其本源而不学，学其皮毛而又不精，天下安得富强耶……著军机大臣、大学士、六部、九卿、出使各国大臣、各省督抚，各就现在情形，参酌中西政要，举凡朝章国故、吏治民生、学校科举、军政财政，当因当革，当省当并，或取诸人，或求诸己，如何而国势始兴，如何而人才始出，如何而度支始裕，如何而武备始修，各举所知，各抒所见。”

慈禧起用张之洞《劝学篇》详加阐述的“中学为体，西学为用”学说，将一帮东南互保，几乎快脱离朝廷统治的封疆大吏们重新收归掌握，岌岌可危的统治集团，在某种程度上暂时弥合。

慈禧“以奕劻、李鸿章、荣禄等人为督办政务大臣，以刘坤一、张之洞为参预政务大臣，共同负责主持新政工作”。在随后五年左右的时间中，改革逐步深入，不断得以推行，史称“清末新政”，民国则戏称其为遮羞变法。

从此，清廷颁行了一系列“新政”上谕，内容包括“筹措军饷，训练新兵；振兴商务，奖励实业；废除科举，育才兴学；改革官制，整顿吏治；法制改革，修订新律”等一系列措施，广泛展开上层改革。

此次新政中，最举足轻重的当数张之洞、李鸿章、刘坤一、袁世凯四人。李鸿章和刘坤一分别在1901年、1902年先后去世。临死前，李鸿章举荐袁世凯继任直隶总督兼北洋大臣，至此，张之洞和袁世凯成为清末新政舞台上最显赫的两个角色。

东南互保后，张之洞威望大增，以朝廷柱石、百官之首自命，后世曾有人称他“新政的设计师”。

张之洞在新政中，彻底贯彻了“中体西用”这一思想，也不再抨击民权学说，“清流健将”的卫道彩色淡了许多。张之洞还一面揭露官场腐败，一面提出了切实的整治办法。他在十多年前就已过了知天命之年，来日无多，知道谋事在人，成事在天，对朝廷的命运有了更清醒的认识。新政能否按照他设想如期如意地进行，只好听天由命。

1901年，张之洞会同刘坤一连上三疏:《变通政治人才为先遵旨筹议折》《遵旨筹议变法谨拟整顿中法十二条折》和《遵旨筹议变法谨拟采用西法十一条折》。拟定这三折期间，张之洞废寝忘食，召集府里一班幕僚彻夜磋商，草稿拟写了一批又一批，连年富力强的辜鸿铭都有些吃不消，更不用说年过六旬的张之洞了。可张之洞就像一把蓄势待发的弦上之箭，即使几夜不睡也能保持状态，这源于他对新政的极大重视。

这三次上疏合称《江楚会奏变法三折》，即著名的变法奏议三折。疏中系统地提出了“兴学校、练新军、奖励工商实业、裁减冗员”等改革措施，成为清政府实施新政的蓝图，也是二人从政几十年来的经验总结。

慈禧太后阅后，神情似喜似忧。家国梦犹在心头，有些伤怀，低沉沉叹道:“法是好，只是无人办。”

慈禧太后不是老糊涂。她看不明白洋务，却看得清国内局势。她深知昔日光华四射的大清帝国已病入膏肓，哪怕捧着药罐子来治病，也无济于事。新政之新，只能糊弄一下国民，却无法自欺欺人。

张之洞纵横宦海几十年，连慈禧都知道的事，他自然更清楚。但他依然积极上疏朝廷，参议新政，并且在湖广总督任上大力推行新政，也就是他一直推行的、被包装过后的洋务。

张之洞自云他的一生都紧紧与新政二字挂钩，绕来绕去总要绕到新政上。他曾对侄女婿黄绍箕说:“我从政有一定之宗旨，即:‘启沃君心，恪守臣节，力行新政，不背旧章’十六字，终身持之，无敢异也。”

张之洞始终重视教育，每到一处为官，必对当地教育多有兴革，早年曾兴办实业学堂、军事学堂，现在他要大规模扩展，创办一些普通教育学堂，从普通国民的头脑开始改造，使国家兴盛。张之洞兴办各类学堂，硬件容易，师资却难得，因为当时的中国缺少正规的师范教育。为解决师资问题，他曾从经心、两湖、江汉三书院选派优秀毕业生“赴日本习师范，以为速成师范之预备”，从此开启近代教育之先河，即使刘坤一死后他暂署两江总督亦未停顿。

张之洞的办学，涉及诸多类型，范围之广在当时世所罕见。他在废科举、建立系统教育制度等方面的贡献前无古人，堪称中国近代教育家和中国近代教育的先驱。张之洞从 1902 年开始，陆续创办一些师范学堂，如：湖北师范学堂，以追随他来湖北的武昌知府梁鼎芬为监督；两湖师范学堂，委派梁鼎芬将两湖高等学堂改作两湖师范学堂，著名科学家李四光就毕业于该校，闻一多亦就读该校的附属小学；湖北师范传习所；支郡师范学堂等。

与张之洞闹矛盾的李鸿章不在了，朝野之间，张之洞施展的余地大了许多。可他也知道，自己日渐衰老，只恐天不假年，务必要尽快发挥出新政的作用。

育人以兴国

张之洞的兴学之路上，有一得力助手，他就是上文提到的梁鼎芬，也是辜鸿铭幕府生涯中的重要同僚。辜鸿铭同他私交甚密，却也曾毫不客气地在《张文襄幕府纪闻》中说他是伪君子，好奉承张之洞。其实，辜鸿铭眼中的奉承，大概就是梁鼎芬对张之洞的万分尊崇——可不是人人都像他那样敢当面骂张之洞的。

梁鼎芬亦是不畏权贵的。他早年以科举入仕，23 岁时，被授职为翰林院编修。1884 年曾做出震惊朝野之事——上书弹劾李鸿章，“至比之杨忠愍之参严嵩”，因此触怒慈禧太后，“几罹重谴”，于 1885 年辞官归乡。中法战争前后，入张之洞幕府，成为张之洞手下的得力干将，“文襄（张之洞）大事必以谘询，辄深谈竟夜，习以为常”。张之洞死后，梁鼎芬扶棺恸哭，肝肠寸断。

此番张之洞大办学堂，梁鼎芬为了给他捧场，特于某校举行开学会，到场的教师、学生、官员加起来足足几百人。

会上，梁鼎芬特意让从日本留学归来的刘某致辞，并准备了一篇感天动地的赞美文章，旨在歌颂张之洞的功德。

刘某清了清嗓子，操着一口纯正的湖北官话，放声朗诵起来，语调抑扬顿挫，听来感人至深，坐者听之无不肃然。颂词读毕，刘某喊得脑门冒汗。当时还未兴起鼓掌，众人正用心回味之际，突听得一人用高亢的声音接茬朗吟:“呼呜哀哉,尚飨!”

众人闻之,登时捧腹大笑,回首齐看,原来是辜鸿铭这个刺头。

只见辜鸿铭兀然高座,神情优哉,随口接上的一句话,便将梁鼎芬搜肠刮肚而成的一篇华美颂文比作祭文了。古人祭文总是念给死者的后人听,从来都是大念赞美之词,绝口不提其他。

梁鼎芬脸色铁青,简直要被他气死,久久不发一语,看向张之洞。本以为张之洞会大发雷霆,岂料他只是毫不变色地静坐着,充耳不闻,眼皮都没动一下,丝毫不以为忤。

张之洞早已熟悉辜鸿铭的性格,对于这个浑身是刺的谋士,他总是加以包容。这既缘于张之洞的雅量,也缘于他对辜鸿铭能力与忠心的赏识,不然怎会有“辜疯子骂香帅,香帅奉茶,一呷而解”的美谈呢。

人说辜鸿铭是“辜疯子”,他还真不枉这一“美称”。就在1902年,慈禧太后寿诞,举国欢腾举行万寿节庆典时,辜鸿铭又像刺猬一样冒了刺。

这日,张之洞总督府上张灯结彩,歌舞升平,费资巨万,邀请驻武汉各国领事,大摆筵宴。军界、学界人士欢聚一堂,所奏之乐皆是贝多芬、莫扎特、肖邦,觥筹交错,颇有太平盛世之景。正逢圣上谕令举国传唱爱国歌,辜鸿铭对此颇有些想法,遂问梁鼎芬:“满街都是唱爱国歌,未闻有人唱爱民歌啊!”

梁鼎芬知他又要起刺,倒也乐意受教,遂怂恿道:“既然如此,汤生兄何不试作一首?”

辜鸿铭摸摸下巴,狡黠一笑:“我已得腹稿四句。”

“愿闻高作。”

辜鸿铭顿了一下，随即高声吟道:“天子万年，百姓花钱。万寿无疆，百姓遭殃。”

此话一出，满座皆惊，听者无不色变。张之洞依旧充耳不闻，不去管他，吃喝不误。要知道，在老佛爷寿辰之日说出如此忤逆之言，是天大的罪状，可辜鸿铭不怕，想说便说，而张之洞则全当没听见。

辜鸿铭曾在早先发表的《尊王篇》中为慈禧太后做政治辩护，那不过是气气洋鬼子而已，慈禧太后是怎样的人，辜鸿铭心知肚明。

但凡是辜鸿铭瞧不上的人，他就要骂，哪怕对方是权力体系中的顶尖人物。比如，后来袁世凯当权，向来鄙视他的辜鸿铭丝毫不惧，破口大骂:“袁世凯之行为，尚不如盗跖贼徒，其寡廉鲜耻无气义乃尔耳。”之后更干脆了当，直接称呼袁世凯为“贱种”。袁世凯气得胡子乱颤，但是辜鸿铭名声太大，不敢迫害，只能收买。可辜鸿铭根本不领情，继续骂他。

对于自己的恩公张之洞，辜鸿铭也是想批判就批判，心直口快全无顾忌。

在兴办学堂的同时，张之洞向外派遣了大量留学生。事实证明，张之洞在教育方面所做的贡献功不可没。派遣留学生出国学习，兴办学校，是近代科学技术传入中国的最主要途径。西方各种科学、技术纷纷传入武汉，特别是近代炼铁和纺纱技术，成效最为显著。仅从19世纪90年代到20世纪初，湖北省就派出5000余人出国留学，是当时派遣留学生人数最多的省份之一。

早在1898年，张之洞即派150名两湖子弟前往日本学习武备、格致、农、工、商诸艺。张之洞很早便了解西学之先进，这一点在辜鸿铭等"海归"幕僚身上体现得尤为明显。由于急需洋务人才，他非常热衷于派遣留学生，而且认为西洋不如东洋。张之洞在《劝学篇》中写道："至游学之国，西洋不如东洋。路近费省，可多遣。去年近，易考察。东文近于中文，易通晓。西学甚繁，凡西学不切要者，东人已删节而酌改之。中东情势风俗相近，易仿行，事半功倍，无过于此。"

1903年，时任两江总督的张之洞从江南水师学堂毕业生中选出16人，赴美、德学习军事，同年湖北派出8人赴德，4人赴俄，24人赴比。

张之洞一直担心留学生会接受革命党的思想，或者直接在国外加入孙中山的组织，对抗朝廷，曾写《鄂督张奏约束鼓励赴日游学章程折》一折，上奏朝廷：

> "伏查，游学日本学生，年少无识惑于邪说，言动嚣张者固属不少，其循理守法潜心向学者亦颇不乏人，自应明定章程，分别惩劝，庶足以杜流弊而励真才，当即酌拟约束游学学生、鼓励毕业生章程各一通……拟定约束章程十依，已往者当知，续往者有范，上示朝廷瘴疠之公，下以昭学术邪正……"

清廷根据他的意见，颁布《约束游学生章程》和《奖励游学生章程》，对"妄发议论，刊布干预政治之报章"的游学生，由中国出使大臣，"剀切诫谕学生，立即停辍。如有不遵，即行退学"。同时又施之以恩惠，对于"循理守法"的学生，赏赐以举人、进士出身。恩威并重，企图使广大留学生就范。然而，一批又一批思想先进的留学生走向革命行列，已成趋势，这是清廷无法阻止的。

想培养洋务人才，就要大量派遣留学生；而知识青年到了外国，朝廷又难以控制其政治动向，故认为“出洋学生流弊甚多”，这便是张之洞在派遣留学生问题上的矛盾心理。

一方面，作为积极兴办洋务的封疆大吏，张之洞十分知人善任，大量起用通晓近代知识的人才，如在两广、湖广总督任内，他发掘了学贯中西的辜鸿铭、蔡锡勇等人入幕府。另一方面，张之洞的骨子里带有根深蒂固的封建色彩，他喜爱的，是手段新潮、知识西化而思想忠于传统礼教的保皇之士，要有人臣之心，比如辜鸿铭。从张之洞对他的包容，足见他就是张之洞眼中的完美洋务人才，百分百的“中体西用”。

民间得知清廷赏赐“规矩”的留学生举人、进士出身后，以出洋为猎官之捷径，便成了许多碌碌无为的富家子弟的头项追求。

这些人纷纷出国，以期镀金回来，挣得一身官服，而后便“三年清知府，十万雪花银”。而真正心怀国家，寻求救国之真理的有志青年，仍热衷于在革命之路上探索，非此等势利之心所能诱动的。

辜鸿铭对张之洞此举大为不满，腹诽不已。

这一日，有大批新派的留学生即将远赴重洋，张之洞亲自为他们摆宴送行，酒过三巡，学生们一致请张之洞发言，张之洞欣然说道：“我正要告诫你们呢。你们到了西洋，要专心学习，学成归国为朝廷效命出力，挣个红顶子，将来位高权重，那是很容易的事情。希望诸君共勉之，不要信逆党的异端邪说，吵吵闹闹终不成事，一不留神还会坏了诸君的性命。”

针对张之洞的这种理论，辜鸿铭难以赞同，私下里对人讲：“香帅只道利害，不道是非。”

不知一直包容辜鸿铭的张之洞，听见这番言论，又会做何感想？

三寸不烂舌

“这个怪人，谁能跟他比呢！他大概是没出娘胎，就读了书的，他开口老庄孔孟，闭口歌德，伏尔泰，阿诺德，罗斯金，没有一件事，他不能引上他们一打的句子来驳你。别瞧那小脑袋，装的书比大英博物院的图书馆还多几册吧？”一些西方学者说过类乎这样的话。北京也有人说：“庚子赔款以后，若没有一个辜鸿铭支撑国家门面，西方人会把中国人看成连鼻子都不会有的！”

辜鸿铭活得如此酣畅淋漓，如此自由。那一身的刺，要扎一切看不惯的，扎当权者，甚至连他的顶头上司张之洞也照扎不误。

前文曾说，辜鸿铭对张之洞心有不忿，私下骂他“只道利害，不道是非”。此话果然传到张之洞耳里，这次张之洞不再充耳不闻——这可是原则问题，他大发雷霆，立即把辜鸿铭叫来，训道：“汤生，是你说我只知利害，不知是非？若我只在乎利害，那我不早似和珅之流，腰缠万贯家私了？我讲求的，是家国天下事的公利而已，哪有私利。私利不可讲，而公利则不可不讲。”

辜鸿铭毫不思索地答道：“‘子罕言利与命与仁’，君子不言利。”

张之洞绞尽脑汁为自己辩护，想要辩倒铁嘴铜牙的辜鸿铭，公利私利大有区别，公利一定要讲。

辜鸿铭讥讽道：“《大学》言：‘长国家而务财用者，必自小人矣。彼为善之，小人之使为国家，菑害并至。虽有善者，亦不如之何矣！此谓国不以利为利，以义为利。’香帅，君子喻于义，小人喻于利。”

张之洞愕然地望着他：“如此我倒成了小人啦！好你个汤生，书倒是没有白读。”

辜鸿铭丝毫不怕，直言说：“香帅以功名富贵为饵，实在荒唐，贻害不浅。香帅博览群书，想必听过袁简斋说的一则生子故事吧。”

张之洞一愣，不知怎么又扯到袁枚身上，无奈地问：“又与生子故事什么相干？”

辜鸿铭侃侃而谈：“昔日方望溪先生有一弟子，因为膝下无子，整日忧心忡忡，遂求教于先生。先生告诉他，可以学学禽兽的样，必定会有子女。弟子诧异，先生说，男女交合，万物繁衍，本是有人欲无天理的。现在的人秉着传宗接代的念头，硬是将天理掺杂到人欲中，便很难达到繁衍生息的结果。而且以人胜天，是造物之大忌。子不见牛羊犬豕乎？一发一中，百发百中，是何故？只因禽兽本无生子之心，为阴阳之鼓荡所不得不行，可以说是势所必然。吾人当求学之时，不可存有国家之念。犹如人欲生子，不可存有祖宗之心。”

张之洞当然听过这个故事，正在思考之时，只听辜鸿铭继续说：“董仲舒说：正其谊，不谋其利；明其道，不计其功。方望溪先生则说：正其谊，不谋其利，则可以生子；明其道，不计其功，则可以得真学问。”

张之洞面色发窘，仍然有些不服，说：“这又与利害有何关系？”

“香帅，这可大有关系。你派留学生之时，以功名利禄诱之，他们学习时三心二意，全为做官而学，怎能成才？将来回国后妄自尊大，高不成低不就，倒成了中不中洋不洋的游民。有些人就算真的做了官，也不会是好官，贪图的不过是那些白花花的银子罢了。依我看，那些听了你的‘劝诫’后，红光满面喜不自胜的学生，还是不要派出去了。”

张之洞为听罢怔了半晌，默默端起茶杯，不再言语。

后来，辜鸿铭一位老友的孙儿念完大学后，将赴美国学习商科，前往他府上拜访，心直口快的辜鸿铭听说后大发感慨：“你家也是书香门第了，竟然让孙儿出国学做买卖，奇耻大辱，奇耻大辱。”

辜鸿铭还以四书中一段话来考那后生，让他译成英文。后生张口就译，令辜鸿铭更是感叹：“如此英文水准去学做买卖，太可惜了。”

辜鸿铭这一身的刺，扎同僚、扎上司、扎太后、扎留学生、扎崇洋媚外之人，真是名副其实的辜疯子。他还以《史记·越王勾践世家》中记载的范蠡之事借古讽今：“范蠡浮海到了齐国，改名换姓，自称鸱夷子皮，在海边辛劳耕种，父子二人共同务农生产，做生意，不久后便成了当地的富豪。齐国人听说他这么有才能，便让他做国相。范蠡叹道：‘我在家里随随便便就挣得许多钱，又随随便便地做大官，这可不吉祥。’于是，归还相印，将财产散给乡民，携带着贵重的财宝离开，到陶地住下，后自称陶朱公。我想，范蠡大约就是当年的华侨吧！想当日，齐国那帮谄媚的官员，必然大摆筵宴，请来招待员，挂国旗，奏军乐，热烈欢迎范蠡，有一番人热闹。”

在张之洞大兴教育之际，天下日益纷扰，局势混乱，人人自危。为自己前途而危，为帝国命数而危，纷纷自行采取手段，一时鱼龙混杂，泥沙俱下。

革命之风吹遍神州大地，这些革命者各自为营，以纸笔做刀枪，胯下骑匹瘦马，就无畏地向大清王朝挑战，由此引发了晚清最大的文字狱《苏报》案。

1903 年夏，《苏报》聘请章士钊为主笔，章太炎、蔡元培为撰稿人，对各地学生爱国运动进行详尽报道，在官府看来已有“不臣之心”。此后，《苏报》又陆续刊登了许多革命文章，光明正大竖起革命大旗。当时，邹容在上海出版了革命著作《革命军》，章太炎公开发表提倡革命的《驳康有为论革命书》。章太炎在《驳康有为论革命书》中，尖锐地批判了康有为坚持的、在保皇中改良的谬论，矛头直指光绪帝。

这两篇言辞犀利的革命文章问世后引起巨大反响，也引起了清廷的暴怒。清廷公然采取镇压手段，封闭了租界内的《苏报》，逮捕章太炎、邹容等人。1903 年 6 月 29 日，清廷查封《苏报》，将章太炎逮捕。邹容义愤填膺，自动投案。最后，章太炎获刑 3 年，邹容获刑 2 年。从此，各外国租界下令，禁止中国人在租界内宣传革命，出版革命刊物书籍。

两人在狱中仍然坚持斗争，章太炎在狱中写了《答新闻报记者问》，满怀信心地说：“四万万人民都会同情我们，而公理一定会战胜的。”后来，年仅 21 岁的邹容在狱中病故。1906 年章太炎刑满出狱，前往日本东京，参加了孙中山的同盟会，主编《民报》，继续与改良派论战。

章太炎、邹容在《苏报》上大骂清廷时，直嘲光绪帝是

“载湉小丑，未辨菽麦”，指责他和慈禧太后都是“汉族公仇”，驳斥康有为“只可行立宪，不可革命”的主张。张之洞万分愤怒，即刻表现出与章、邹的不共戴天之仇恨，恨不能亲手将二人捉拿归案。

他的恼怒，源自于他内心深深的担忧。革命的风暴来了，与太平天国不同，这些新兴的革命者脑袋里装的，是西方的那一套。这些人思想的可怕之处在于，他们的革命不是一个王朝推翻另一个王朝那么简单，而是要让“皇上”彻底消失。这种惊天之举，会让许多乱臣贼子为他们摇旗呐喊，让许多乱民跟着造反。

这一次的文字狱，反而让民主革命思想得到更广泛的传播，革命运动也呈现了迅猛发展的势头。张之洞敏锐的政治嗅觉已发现，吹覆大清王朝根基的飓风即将登岸，星火即将成燎原之势，而他作为百官之首，必须扑灭这场大火。

随行入帝都

能够切身感受王朝威严的气派，是封建社会每个恪守礼教之人臣的梦想之一。这种情结，是时代的烙印，根深蒂固地铭刻在骨子里，永远无法抹杀。以至于晚年的辜鸿铭见到溥仪时，一生雄辩的他竟说不出话来，此是后话了。

《苏报》案那年，即清光绪二十九年，1903 年，张之洞奉旨入京，辜鸿铭随行。不同于《辛丑条约》签订前的一片肃杀，此时的北京城似已恢复往日的繁华盛景，王气蒸腾。辜鸿铭感受到这股“王气”，心潮澎湃，如梦似幻。

1903 年初，张之洞奉旨入京，辜鸿铭、梁敦彦随行。自 1901

年重臣李鸿章去世，朝野之间普遍认为张之洞将独揽大权。但张之洞毕竟是汉人，此时朝中多有满族亲贵当权。自张之洞带头策划东南互保、对朝廷行反抗之实后，朝中许多同僚便对他大为不满，可以说是看他极其不顺眼，其中以庆亲王奕劻为首。

只是这些天子脚下的京官们，忌惮张之洞秉执大权，不敢对他大加指责，便把他晾在一边。张之洞一行人颇有进退失据之感，尴尬之极。

幸而，清廷正筹议的全国学制改革，让张之洞得以大展拳脚。张之洞素以知学著称，他在湖北兴办学堂为国育才、派遣留学生的教育活动闻名遐迩，为人处世老成持重，可以说是当今第一通晓学务之人。清廷遂委任张之洞、张百熙、荣庆，以日本学制为蓝本，重新拟订学堂章程，于 1904 年 1 月公布，即《奏定学堂章程》，史称“癸卯学制”。

该学制规定学堂的立学宗旨是“以忠孝为本，以中国经史文学为基，俾学生心术壹归于纯正，而后以西学瀹其知识，练其艺能，务期他日成才，各适实用”。

癸卯学制包括《初等小学堂章程》《高等小学堂章程》《中学堂章程》《译学馆章程》《进士馆章程》，还有《学务纲要》《各学堂管理通则》《各学堂奖励章程》和《各学堂考试章程》等数十个章程，基本覆盖了当时的教育系统。

这是我国正式颁布的第一个在全国范围内施行的学制，施行到辛亥革命为止。拟订这个学制的指导思想是“中学为体，西学为用”。在课程设置上以经史子集为主，具有浓厚的封建色彩。该学制是单纯的男性教育，将女子排除在外，学制年限也较长，还有很多需要改进之处。不过，它是废除科举制后的第一个学制，对旧中国的教育发展具有历史意义。民国年间提出的学制，均将它作为参考。

张之洞在制定学制时，与辜鸿铭反复讨论“中学为体，西学为用”的指导思想，强调：“中国圣贤经传无所不包，学堂之中，岂可舍四千年之实理，而骛数万里外之空谈。”

对此，王国维曾在《奏定经学科大学文学科大学章程书》中质问：“若不改此根本谬误，则他日二科（指经学、文学二科）中所养成之人才，其优于占毕帖括之学者几何？而我国之文学经学不至于坠于地不已，此余所不能默然而息者也。”

当时主张西学的梁启超等人也曾驳斥张之洞的观点，沈翔云尖锐抨击说：“（张之洞）平日守数千年文章诗赋之旧，傲然自负为通学，耳食一二西事，知之未全。便又自以为深通西学，于文明之学术，未尝梦见，亦未肯虚心求益。”

此时的张之洞，确实“守数千年文章诗赋之旧”，昧于世界大势，执着于此邦文物制度，顽固程度与他的谋士辜鸿铭不相上下。让人不由得慨叹，真是物以类聚，人以群分。

此时的辜鸿铭则沉浸于帝都风范，一面协助张之洞会商学务，一面在各处流连忘返。曾遭英法联军洗劫的圆明园虽荒草萋萋，八国联军烧杀抢掠的痕迹却已然淡去。辜鸿铭慨叹，没有人能彻底斩断大清的龙脉，不管怎样，这里依旧是东方巨龙之首，天朝上国，万邦来朝的世界中心。

再看金碧辉煌的紫禁城。一条贯穿南北的中轴线，南起永定门，北到钟楼，在这条龙脉上，连檐飞角斗带着无所比拟的磅礴气势。红墙宫里万重门，每一重，都带着礼仪之邦的气派。这如梦似幻的一切，满足了辜鸿铭的所有幻想。

更令辜鸿铭心仪的，是那一班规矩端庄，又古板顽固的大臣们。这些人身上的古典风范、传统气息让他着迷。

蔡锡勇曾给辜鸿铭讲过这样一件事。当年，蔡锡勇从广东同文馆前往京师同文馆学习。一行学员到达北京的京师同文馆后，刚进门，只见一位长须飘飘的老翁前来迎接，和颜悦色，带领他们到馆舍参观，将斋舍、讲堂、饭厅一一指点给他们。这群学员以为，这个年老长者不过是个管事的下人。

参观完毕，老者关切询问："诸位，吃过午饭没有？"

学员们都答没有。

老者即招来提调官，准备安排他们吃饭。看到这位红顶花翎的官员垂手侍立一旁，态度无比恭敬，学员们才知道这可不是什么下人，而是当日之宰相文祥文中堂也。

辜鸿铭对此津津乐道。这种儒雅的名士风范，让辜鸿铭更为这些大臣着迷。

自李鸿章因签订《辛丑条约》忧愤而死后，朝中名望、权力、地位相颉颃者，首推张之洞和袁世凯。1903 年的袁世凯，已继承李鸿章衣钵，成为权倾朝野的重臣，早非当年吴下阿蒙。

辜鸿铭随行张之洞到达北京时，驻守京师的多是北洋军队。袁世凯对张之洞相当尊崇，即使其权势与张之洞不分伯仲，仍然心存巴结，是故特派军队到张之洞寓所守卫。

不久后，张之洞到天津去见袁世凯，辜鸿铭亦随侍在侧。

辜鸿铭从见袁世凯第一面起，就对他无甚好感，非常看不起那一副巴结逢迎之态。也是，像辜鸿铭这种不避权贵、敢于直斥时弊的单纯之人，自然不会喜欢他。

袁世凯结束了与张之洞的会谈后，想在辜鸿铭面前表现一下自己，便私下问：“汤生兄，你可知道西洋人练兵有何秘诀？”

辜鸿铭慢悠悠地答：“练兵之要，首在尊王。”

袁世凯故意即顺着他的话往下问：“我曾听说你用西文写有《尊王篇》，倒是很想听听你对‘尊王’有何高见。”

袁世凯本想找个机会跟辜鸿铭吹牛，可惜他先前从未领教过辜鸿铭的铁齿铜牙，才会有此想法。

辜鸿铭毫不客气地说：“西洋各国，凡大臣寓所，有派兵队守卫者，乃出自朝廷恩赏。今香帅入都，你竟派兵守邸寓，是以国家之兵巴结同僚。兵将见你如此，则只知有你这个上司而不知有国家。一遇疆场有事，将士各为其领兵统帅，临阵必至彼此不相顾救。如此，虽步伐齐整，号令严明，器械娴熟，亦无以制胜。故曰：练兵之要，首在尊王。”

袁世凯自讨没趣，悻悻地说不出话来。辜鸿铭却自言自语地感慨：“现在不仅士兵不知有国家，连各省大小官员，也只知有督抚，哪里还知道有国家啊！读书人都如此，更别说行伍中人了。中国不必洋人瓜分，早被自己瓜分完了。”

因为看不惯袁世凯的嘴脸，辜鸿铭对帝都重臣颇感失望，觉得文中堂时期的那股大臣风范已然尽失，幸而随来的梁敦彦讲述的见闻弥补了这一缺憾。

原来，梁敦彦以候补道员身份奉旨召见。回来后难掩激动之情，口沫横飞地对辜鸿铭大讲朝廷见闻，百官威仪，皇家气派。辜鸿铭心驰神往，恨不能也去见识一番，可惜他目前只是幕僚，身无品级，无缘晋见。

两人感叹了一番，梁敦彦又继续讲起见闻：“汤生兄，我今日在朝房，等着叩见皇上时，听见 帮大臣三五成群，窃窃议论。我听见锡良锡清帅对别人说：‘咱们这些人，怎么配得上做督抚。’你要是有机会，一定要记下来，有这样觉悟的人难得！还有个人对我说：‘看一个督抚的才能、识见、器量，不必看他做事，就看他用人；不必看他委差，单看他的幕僚秘书，即可知一二。’”

辜鸿铭听得频频点头，心向往之，接口答道：“甚至连他左右幕僚都不必看。欲观今日督抚的好坏，就看他吹牛不吹牛。中国之亡，不亡于无实业，不亡于弱外交，而实亡于中国督抚之好吹牛也。”

后来，辜鸿铭在《张文襄幕府纪闻》中将此事记下，亦记下与袁世凯见面议“尊王”等事，言辞犀利，读来脍炙人口。

督办浚浦局

在清末，有一种很矛盾的现象。文人才子乍一接触朝廷，会觉得庄严肃穆，气象万千，文武百官衣冠赫赫，真是完美的礼仪之邦。时间久了，便会从中嗅出一股腐朽的棺材味，暮气沉沉。朝上诸公皆道貌岸然，争名夺利，像蛀虫一样附着在大清不堪一击的国运上。

跟随张之洞在北京待了大半年的辜鸿铭，就深有此感。他幻想中的礼仪之邦被现实击得粉碎，发扬中华文化的斗志，却更加昂扬。中华文化辉煌而深邃，不是散发着坟墓气息的老人们所能代表的。

1904 年春天，张之洞带着辜鸿铭和梁敦彦返回武汉，至此，他们已在北京耗了 8 个月的时间。张之洞这个百事缠身的封疆大吏，8 个月的时间只干成一件事，就是会商学务。辜鸿铭深感朝廷办事效率之差，一切都慢吞吞，这样怎不会被洋人落下？

张之洞一行回到武汉后，恰值上海筹措浚治黄浦江航道相关事宜，按照《辛丑条约》第十一款第二条办理，设立黄浦河道局。签订合约之时，列强强迫清廷将此条加进去，且实施条件苛刻：经费由清廷、各参与国均摊，而河道局管理人员只有极少数留给中国人担任，且是无关紧要的职务。

治理中国的河道，却要外国人来管，对这种主权丧尽的霸王条款，朝廷敢怒不敢言，也只有手握实权的封疆大吏们敢于力争一下。于是，辜鸿铭被气极的张之洞派往上海据理力争，同洋人交涉。

此时的辜鸿铭正处在人生的低谷——他的宝贝爱妾蓉子因病早逝，年仅四十余岁。如今只剩下淑姑这个兴奋剂，而没了安眠药，辜鸿铭悲痛不已，衣带渐宽，憔悴了许多。被张之洞派到上海，为公事奔忙，正好可以缓解他的痛苦。

刚到上海，便同袁树勋等人前往上海各领事馆，就浚治黄浦江航道事宜展开谈判。时任英国驻上海总领事的是华仑，他早已在东南互保时领教过辜鸿铭其人，知道他脑后虽也拖个长辫子，脑袋里的东西却大异于其他有辫子的人。

华仑很客气，请辜鸿铭就座，还命人端来咖啡。

辜鸿铭同他闲聊了一阵，便开门见山地说出浚治黄浦江一事。

华仑笑笑说："这件事早在几年前签订合约之时，就讲好了呀，不用再争议了。"

"领事阁下，请你设身处地想一下，如果在泰晤士河浚治航道，英国须出一半费用却无法主事，你觉得如何呢？浚治黄浦江可以，但如何浚治，由谁支持，必须再讲讲清楚。"

华仑耸耸肩，说：“那么辜先生的看法是？”

“现在我说的，并非我个人的看法，而是我们的政府，以及几万万民众的心声。主权问题，是最无须争议的问题。我们的政府和民众都认为，费用可以均摊，但主办方必须是中国；人员可以聘用外国人，但要由中国把关。”

华仑自知辩不过他，低头思索了一会，说：“这和主权有什么关系呢？还不至于如此言重。既然贵国想要主持，那费用就得由贵国一方面承担，这样我们还是可以接受的。”

辜鸿铭知道华仑不会在费用的问题上做出让步，便不再与他争辩。好在争取到了主权，其他都不成问题。

其他各国驻上海领事对此都没有异议，连华仑都同意了，他们还能说什么呢？电告张之洞和外交部后，辜鸿铭继续留在上海。

此时日俄战争正值白热化。这场在中国土地上爆发的战争，让当地的居民家破人亡，蒙受了极大的损失，却没有引起清廷太大的不安。连八国联军进北京的阵仗都经历过，别人在自家的东北和黄海掐架，又能有什么呢？

最终，俄国战败，并于1905年6月在美国同日本议和，签订了《朴次茅斯条约》，将原本已经到手的中国东北输给了日本。本就不是自己的东西，俄国没什么太大的遗憾，而被夹在中间的中国，地位却格外的尴尬荒唐。

12月，携胜利之势的日本强迫清廷与其签订《中日会议东三省事宜正约》，俄国在东北三省的利益，作为战利品被日本尽收囊中。

在上海谈判的辜鸿铭紧密关注着这场荒唐的战争，闲暇之余抄起纸笔，接连投稿到《日本邮报》大抒己见，痛批欧洲人，对一衣带水的日本人则宽厚了许多。在辜鸿铭看来，这场战争是两种文化、种族、肤色的较量，他一直希望日本人可以获胜。

辜鸿铭在《日本邮报》上说："现代的自动机械怪物，既无道德责任，亦无道德权利，他们是庸俗、粗陋、物质的、机械的……以及其他我们二分概念中的负面的东西。作为一个道德力量，基督教已经无效……是故欧洲人民是在牛角尖的两端，要是他们抛弃军国主义，无政府主义将摧毁其文明；他们保留军国主义，他们文明将在战争的破坏与浪费下崩溃。"

早年的辜鸿铭在异国求学，因为亚洲人身份而饱受羞辱。这场荒唐的日俄之战，前所未有地激发了他对东方文化的认同感。辜鸿铭愤恨于朝廷的不作为和国人的麻木，但同时他也为亚洲文明的胜利而欣喜若狂。在欧洲人日益强大、即将要成为世界主宰的时候，辜鸿铭从日本人的胜利中找到了自尊和自信：既然日本的文化尽出于中国，那么原汁原味的中国文化，便该是更加强大的。

泰戈尔同辜鸿铭的看法一样，应该说，所有的亚洲民族主义者怀着这样的感叹。日本战胜俄国后，泰戈尔兴致大发，作了一首日本体诗以庆祝亚洲文明的胜利。

日俄战争期间，辜鸿铭在《日本邮报》上一边骂洋人，一边连载英译版《中庸》，向西方宣传儒家经典——我骂你半开化，还要用中国文化来说明你为何半开化。

当代最有影响力的外国汉学家之一艾恺认为，辜鸿铭要展现给西方人的儒家学说是这样的："孔子在世界历史上是独一无二的，因他建立了一个不是宗教的宗教，因儒家是纯然的道德体系，不是崇拜上帝或诸神的宗教；其功能与西方的宗教近似，也与西方的法律近似，但它是道德的律令而非法律。儒家强调义利之分，此乃中国文化之核心与根本原则……儒家并不依赖个人的利益，而仰赖于纯然的德行，不靠惩罚，也不靠奖赏，‘没有教士，没有警察，也没有兵’。”

就是这样的儒家文化深深吸引着辜鸿铭。他并非在贬低真正优秀的西方文化，而是想证明，被欧洲人践踏的中国文化，和所谓的先进文化有着同样的贡献和地位。

1901年至1905年，辜鸿铭这个“文化斗士”分5次发表了172则《中国札记》，强调西洋各国对大清王朝的打击，是对伟大的东方文化的压迫。东方文化的价值，丝毫不逊于西方文化。辜鸿铭还将《大学》译成英文，后因自觉不理想，放弃与《中庸》一同出版。

1905年9月27日，经清廷与各国领事磋商，针对《辛丑条约》中关于浚治黄浦江航道的条款做了修订，最终签订《改订修治黄浦河道条款》。虽然费用改为由中国一家承担，但航道的主权终于回归到中国手中。

早在1905年年初，浚浦工程总局便在上海成立，当时决定聘请荷兰的河工工程师奈格为技术总顾问，在此基础上又成立开浚黄浦河道局（简称浚浦局）。收回河道的主权后，精通洋务的辜鸿铭被上海聘为浚浦局督办，技术总顾问则继续聘请奈格担任。

荷兰工程师奈格经过详尽考察，认为此工程4年左右可以竣工，费用共计白银920万两。

辜鸿铭来到浚浦局后，即着手了解浚浦局的人员现状、经费状况等问题。他知道，要保证这么大的工程按期进行下去，必须确保经费无误，便吩咐财务主管做出浚浦局设立以来的账目明细，同时查看工程计划，掌握工程的进展状况。

初步工作做完后，辜鸿铭的生活节奏慢了下来。停下了奔波忙碌的脚步，辜鸿铭不禁想起逝去的爱妾蓉子，又陷入了悲伤之中。他命人将蓉子的灵柩移到上海，安葬于万国公墓，工作之余常去拜祭蓉子。

铁面辜督办

浚浦局的财务主管清查近半年的账务，结果让他大吃一惊：竟有 16 万两白银不翼而飞！他不禁冷汗涔涔，仔细核对几遍，确定问题出现在两个外国官员身上，这可不得了！

财务主管连忙飞奔至辜鸿铭办公室，将账本给辜鸿铭过目，说："大人，有一大笔账目对不上。"随即将两个洋官名下的款项一一指给辜鸿铭看，不明不白的所谓"挖泥费"加起来竟有 16 万两白银之多。

辜鸿铭火冒三丈，问财务主管："你是管钱的，依你之见该如何处置？"

"依下官之见，还是由大化小，由小化了比较好，处理洋人的事毕竟要慎重些。不过这只是我个人的意见，一切还要听从督办大人的指示办。"

辜鸿铭冲他一瞪眼，自顾自地骂了起来："吃人不吐骨头的臭洋人，把中国当成予取予夺的私人仓库了！我要是不好好整治整治这二人，就把辜字倒过来写！把这两个人给我叫来！"

两个洋人来到辜鸿铭的办公室，看见他那张阴晴不定的脸，心中大叫不好。辜鸿铭早已闻名上海，简直就是洋人克星，此刻的他被气得嘴角抽动，似乎马上就要施展出那套"铁嘴皮"的功夫来。两个洋人强作镇定地看着辜鸿铭，心想：不知这位新官上任三把火的督办要如何烧我们？若只是被骂一顿倒还好。

辜鸿铭定定地瞅了二人片刻，忽然将账簿一摔："我要是你们就赶快跑，免得在这丢人现眼！看你们一个个肥头大耳，都是因为'偷吃'！"

两个洋人知道冒领"挖泥费"的事败露，只好按照辜鸿铭的命令，一直待在浚浦局等待发落。

一人对另一人道："他不敢把我们怎么样，逞口舌之快罢了。"

另一人点头："唉，但愿吧。不过你瞧他气急败坏的样子，不会善罢甘休的。"

回家的路上辜鸿铭想，此事一出，不知家里会有什么人物拜访。果然，一个洋人早已在客厅恭候。见辜鸿铭到了家，这洋人忙不迭掏出辜鸿铭最爱的烟，示好地为他点上。辜鸿铭坐在沙发上斜睨着他，心想：都说洋人心直口快不爱奉承，今天这人却点头哈腰，看来我是真的戳到他们的痛处了，哼。

洋人笑容满面地自我介绍："我是奈格工程师介绍来的，早闻辜先生大名，今日终于得见。"

说着，洋人欲同他握手。辜鸿铭只是略一抱拳，说："哦，最近慕名拜访的人倒是不少。我不过粗浅译了些儒家经典，就引得这么多人来指教。不知先生有何高见？辜某洗耳恭听。"

洋人很尴尬："我，并不是来请教文化的……听说辜先生手下，有两个外国官员办事出了点差错，先生似要严办，是这样吗？"

辜鸿铭在心里冷哼一声，漫不经心地道："倒不是什么大差错，贪污了16万两白银罢了。先生对此有意见？"

这名洋人显然看不透辜鸿铭此刻的喜怒不形于色，他还以为此事有门呢！便顺着说："辜先生的看法很对，这本不是什么大差错。贵国政府与各国日益交好，辜先生是个聪明人，必定不会做出有损外交和自身前途的事。辜先生任浚浦局督办，日夜操劳，要注意身体啊。"说着，拿出一张巨额银票轻轻放在茶几上。

辜鸿铭不可思议地看着银票，那上面的印章深深刺痛了他的双眼。受了天大侮辱的辜鸿铭忽地站了起来，将银票摔在洋人脸上："瞎了你的狗眼！我要是收了你的银票，这上面的章就要印在我的一世清白上！你从哪里学的这么一套，中国人是有钱就可以收买的吗？呸，滚滚滚！"

各国领事早知辜鸿铭为人，收买必定行不通，纷纷亲自出面，在浚浦局开会协商两个洋官的问题。各国领事极力袒护，辜鸿铭则主张必须惩罚，一时间成了僵局。

忽然，一领事开口道："辜督办，我看咱们大家都不是工程专家，调查结果不一定准确，应该交由奈格工程师审核，才能知道这挖泥费到底是怎么回事，也许是你误会了呢？"

闻言，辜鸿铭冷笑一声，从怀里掏出早就揣好的德国莱比锡大学工程硕士文凭，说："诸位，不是只有外国才有工程专家的。"

各领事均无话可说，最后只好由两江总督亲自裁决。时任两江总督将此事压下，决定不予追究。辜鸿铭多方奔走，才将这笔巨款索回。

两个洋人没有得到惩罚，辜鸿铭心中愤懑不平，将满腔怒火诉诸笔端。他先投稿到上海的《字林西报》，报社不愿招惹麻烦便婉拒了他。后又投到《捷报》，才得以发泄心中怒火。

其实，清廷对日俄战争并非完全麻木。当日本以一个君主立宪小国，战胜俄国这个专制大国时，朝野上下深受震撼，纷纷议论称“日俄之胜负，立宪专制之胜负也”，认为日本因立宪而胜，俄国以专制而败，“非小国能战胜于大国，实立宪能战胜于专制”。

很快，全国传遍立宪之呼声。日本曾于明治十五年派员赴欧洲考察宪政，清廷遂效仿，于1905年派载泽、端方等五大臣赴欧洲、日本考察。1906年，端方等先后回国，上疏密陈立宪有三大利，“一曰皇位永固，二曰外患渐轻，三曰内乱可弭”，建议朝廷效仿日本进行“立宪”。

同时，他们指出不必操之过急，可以缓步进行，“今日宣布立宪，不过明示宗旨为立宪预备，至于实行之期，原可宽立年限。日本于明治十四年宣布宪政，二十二年始开国会，已然之效，可仿而行也”。清政府于9月正式宣布“预备仿行立宪”，从官制入手略作改革。

在上海任浚浦局督办的辜鸿铭，对五大臣出洋考察一事不以为然，与一位华侨谈及此事时，问：“你是华侨，对五大臣出洋考察之事定有独到见解。”

华侨没有正面回答，而是说了一个故事：“新加坡有这样一个故事。有一富庶人家，家长虽有钱，但目不识丁，膝下只有一女，便想招个才貌双全的女婿入赘以继承家业。恰好此时附近住了一个翩翩美少年，这少年从福建来新加坡谋生，家长十分看好他，常去他的住处走动偷偷观察，每次都见他正襟危坐认真看书。家长很满意，便托人去说媒，少年欣然答应，成了东床快婿。有一日，家长将少年叫来说：‘以后，家里的账目就全归你管理了。’少年很惊讶，沉默片刻才说：‘可是，我不识字啊！’‘可我看你整天手不释卷啊！’少年羞愧地说：‘我不是在看书，是在看里面的画。'”

辜鸿铭大笑，连连称赞：“真是妙，我看他们出国考察，就是去看洋画罢了。我要将这则故事记下来。”后来，这个故事果然出现在了辜鸿铭的《张文襄幕府纪闻》中。

此时的辜鸿铭已不单是张之洞的幕僚，而是清廷的官员，浚浦局的辜督办。与肃穆的帝都北京相比，上海更活泼，更瑰丽莫测。精通西学、妙语连珠的辜鸿铭俨然成了上海上流社会的宠儿，到他府上拜访的洋人、华侨络绎不绝。谁要是能邀请到辜鸿铭赴宴，就更有趣了。

辜鸿铭每每赴宴，都会操着各国语言源源不绝地向席间诸人灌输中国文化的妙处。有一次，一个外国友人邀请辜鸿铭赴家宴，正好清闲的辜鸿铭欣然前往，到后才发现只有自己一个中国人。一群洋人兴致勃勃地将辜鸿铭推到首座，然后便同他天南地北地聊了起来。洋人办家宴，吃在其次，主要是为了营造出高谈阔论的氛围。辜鸿铭的到来，让这种氛围爆棚了。

酒过三巡，不可避免地聊到中西方文化上来，主人问辜鸿铭：“中国的‘四书’中，辜先生一人译了三部，孔子到底好在哪里？能让才华盖世的辜先生如此倾心？”

“方才诸位你推我让，不肯居首座，就是孔子之道的表现。倘若按今日风行的优胜劣汰来定，大家岂不是已经打成一团？这饭恐怕就吃不成了。”

辜鸿铭的一番妙论，引得众人拊掌大笑。这个辜铁嘴，谁能跟他比呢？

上海散淡人

“什么是天堂？天堂是在上海静安寺路最舒适的洋房里！谁是傻瓜？傻瓜是任何外国人在上海不发财的！什么是侮辱上帝？侮辱上帝是说赫德税务司为中国定下的海关制度并非至善至美！”辜鸿铭曾在一篇英文文章中如此写道。

有的西洋人对中国文化尚算认可，而有的则认为中国处处藏污纳垢，故意刁难辜鸿铭。一次，一个洋人问辜鸿铭：“为何上海卖身为妓者如此之多，比我们那里多出数倍？”

辜鸿铭坦然道：“卖穷是也。”

虽然如此作答，辜鸿铭却也由衷叹息：前朝那些教坊名妓倒还有才学涵养，如名满天下的秦淮八艳，如今却世风日下，全无教养了。

伶牙俐齿如辜鸿铭，也曾被洋人刁难到无话可说。当时的街市之中，从走街串巷的小贩，到拥有固定门面的商铺，多会挂出“货真价实”、“童叟无欺”一类的字样。有的洋人便揶揄辜鸿铭：“于此四字，可见中国人心欺诈之一斑。”

涉及中国文化的阴暗面，辜鸿铭顿时口舌不灵了。他在《张文襄幕府纪闻》中写道：“余闻之，几无以置喙。”

辜鸿铭由此引发联想，还写到另一则故事：他的家乡有一市侩，略识之无，为谋生计，设一村塾，招引乡间子弟。为取信乡人计，特书一帖，粘于壁右，曰：“误人子弟，男盗女娼。”其被误者，盖已不知凡几。内有一乡董子弟，就读数年，胸无点墨，因为终身恨。尝语人曰：“我师误我不浅，其得报也，固应不爽。”人谓汝师之报何在？曰：“其长子已捐道员，而其女公子现已入女子改良学堂矣，这便是男盗女娼。”

辜鸿铭写此故事时，深为被污染的中国文化痛惜。

除与洋人交往外，辜鸿铭还和赵凤昌、盛宣怀二人过从较密。赵凤昌曾是辜鸿铭的幕府同僚，盛宣怀则是辜鸿铭在东南互保谈判时结识的。辜鸿铭非常钦佩赵凤昌的才学和智慧，对盛宣怀的贪财则颇有微词。

1896 年，清政府设立铁路总公司，盛宣怀任督办大臣。他以投机倒把、出卖利权、举借外债而发家，一度纵横政商两界，后因家中变故、袁世凯作梗，逐渐淡出权力中心。盛宣怀虽好财，却也热心慈善，他倡办的北洋大学和南洋公学，为国家源源不断地输送人才。盛宣怀死后，留下的家产共计 2000 万两白银，一代富贾，富可敌国。人戏称，辜鸿铭能接受盛宣怀好财的一面，大抵缘于他们共同讨厌着一个人——袁世凯。

从不违心的辜鸿铭，曾当面指责过盛宣怀的投机敛财。

有一次，辜鸿铭从报纸上得知盛宣怀被任命为度支部（原名户部）侍郎，便前往盛宣怀府上祝贺，而后才知是报纸谣传。

盛宣怀向来敬佩辜鸿铭的才学，连忙请为上座，兴冲冲地与他攀谈起来。

辜鸿铭早就想批评他几句，便问：“杏荪兄，度支部乃国家财政命脉所在。理财之事，没有人比你更适合了！”

盛宣怀忙说：“哪里哪里，汤生兄谬赞了。论理财，我不如张香帅。”自袁世凯成为朝中重臣后，盛宣怀便极其注重与张之洞交好。面对张之洞的心腹，自然要奉承一番。

“你太过自谦了！香帅理财，哪里比得上杏荪你呢？”

“不敢当，不敢当。”

辜鸿铭明嘲暗讽道："一定敢当。香帅手下，各个庸庸碌碌，时常拮据，过得不甚体面。再看杏荪兄，手下无一不是地方豪绅，连翻译都家财万贯，体面极啦！你说，你理财是不是要比香帅强？而且你深知治国之道！"

盛宣怀听出了端倪，不禁莞尔："唉，这又和治国之道有何相干？"

"近年朝廷整理财政，意在杜绝中饱私囊。此为治标，非治本也。今日民困固深，而官贫亦迥异寻常，如刻核太至，则变成了中饿，其害将甚于中饱。曾文正（曾国藩）所谓：爱其子而饿其乳母，则是两毙之道。依我说，中饱则伤廉，中饿则伤仁。两不免皆有所伤，宁可伤廉而不可伤仁，杏荪深知此道啊！"

盛宣怀不禁暗叹辜鸿铭的口才，知道他故意拿言语调理自己，便将话题引开："汤生兄，听闻你译的《中庸》出版了，广受好评，何不送我一本呢？我们全家一起拜读。"

"杏荪以为《中庸》之要义在哪一句？"

"请汤生兄赐教。"

辜鸿铭看了盛宣怀一眼，道："贱货而贵德。"

盛宣怀登时语塞，只好自顾自地端起茶杯以掩尴尬。

"杏荪兄，我还试着将《大学》译成英文，不过不甚理想。译《大学》时，我深感其要义同《中庸》有异曲同工之妙，《大学》里讲'德者本也，财者末也'，不知杏荪注意到这处相同点没有？"

盛宣怀连连点头，面有惭色，后又岔开话题，谈其他的了。

辜鸿铭和赵凤昌曾共事十余年，交情深厚，二人常常相偕拜访上海的外国学者，其中包括后来被誉为"19 世纪最高深的汉学家”的花之安（即福柏）。这位德国传教士早在1865年便来到中国，传教的同时痴心研究汉学，成了地道的中国通。

赵凤昌对于儒家学说的理解亦深刻。有一次，花之安对前来拜访的二人说：“我于同治四年（1865年）来到香港，先为礼贤会做事，后又独立传教，最后加入了同善会。因为对中国文化感兴趣，我一面传教，一面从事译著。中国人常将孔孟连称，我倒以为孟子之论精于孔子。”

赵凤昌回答说：“春秋战国时代，风起云涌，孟子所处时局较之孔子更为动荡不安，孟子也自称不得已，其实孔孟之道并无差别。”

又一次，辜鸿铭带赵凤昌拜访一位在海关任职的英国学者，此人痴迷于音韵学。辜鸿铭与他见面后，即热烈讨论起来，倒把赵凤昌晾在一边。

片刻后，英国人问赵凤昌：“今年中国皇太后六旬万寿，应令妇女放足留纪念。”

赵凤昌说：“裹足并非国家律令，乃是积习。本朝曾屡下诏放足，民众不从，还有不愿放足自尽以殉脚的。”

向来对女人小脚有特殊情结的辜鸿铭顿时来了兴致，听得有趣，问：“哦，国家居然还下令放足？是哪一年的事？”

赵凤昌说：“《东华录》中曾有记载，顺康年间确曾下诏放足。”

回去后辜鸿铭连忙找出《东华录》来，赵凤昌指点给他看。辜鸿铭感叹道：“竹君兄博闻强识，我还以为缠足乃国家制度呢！”

辜鸿铭一生之中最为快活、肆意的时光，便是在上海。呼朋结伴，穿梭往来于名流学者之间，高谈阔论于酒席宴会之上。

辜氏大名，业已在西方传开。德国王子游历东方之时，辜鸿铭收到了德国亨利亲王的来信，信中称："久闻辜先生大名，今犬子游历东方，即到上海，请辜先生待为子侄，不吝赐教。"

本来清廷早已准备好德国王子下榻的府邸，辜鸿铭没想到这位亨利亲王竟想由他来接待，而且还要"不吝赐教"。

辜鸿铭有点紧张，赶紧找来赵凤昌，询问接待之策。

赵凤昌说："我看，咱们还是上报朝廷，朝廷自会派人处理，这样也比较合乎外交礼仪。"

辜鸿铭想了想，还是觉得不妥，说："亨利亲王既然亲自写信给我，必是不想惊动朝廷，我还是想以私人名义接待德国王子。竹君，我家简陋得很，就借你府上来设宴吧！"

赵凤昌见他主意已定，也不再多说。德王子来后，辜鸿铭在赵凤昌家里设宴为其接风，席间以流利的德语同德王子谈天说地，令德王子大感敬佩。

赵凤昌不禁问辜鸿铭："为何这些西方人对你如此崇敬？我听说当年俄国皇储来华游历，盛气凌人，却对你十分推崇，到了上海之后还到处为你宣传，说你是举世罕见的大才。"

辜鸿铭笑答："像德王子、俄皇储这种从小养尊处优的人，知道学问的力量，我以西方学者的姿态出现在他们面前，他们自然不敢小看我。"

后来，辜鸿铭在西方的影响更加巨大。十多年后，辜鸿铭的英文代表作《春秋大义》（英文名《中国人的精神》）出版，引起空前轰动，先后被译成德文、日文等多种文字。他的名字在欧洲家喻户晓，德国还刮起"辜鸿铭热"，很多高校甚至成立了"辜鸿铭俱乐部"。20世纪初，西方人曾流传一句话："到中国可以不看三大殿，不可不看辜鸿铭。"

在上海的几年里，辜鸿铭一面在洋人身上练习“金脸罩，铁嘴皮”的功夫，一面手不释卷，沉浸在他最爱的古典文化里。20世纪初的上海，纸醉金迷，让辜鸿铭不可避免地想起了巴黎。浮华诱人的巴黎，表面的花哨和真情，只为掩饰阴暗角落的肮脏和不堪。不过，上海还是要比巴黎好得多的，毕竟是自家的地方。

王气翻覆国有殇

入驻外务部

清光绪三十三年，1907年，饱受朝廷疑惧的权臣张之洞、袁世凯被调入北京，充任军机大臣。张之洞“入阁拜相”充任体仁阁大学士，兼管学部，袁世凯兼管外务部。

早在1900年东南互保之时，朝廷便有意调张之洞入京。在东南坐大的汉臣张之洞，就像坐在满族亲贵的胸口上，让他们颇感烦闷；继承李鸿章衣钵的汉臣袁世凯，俨然成了“小朝廷”。朝廷多次试图将张之洞和袁世凯调离他们的权力根基地，一直未能成事。随着左宗棠、沈葆桢、李鸿章、刘坤一等人的相继去世，局势出现变化，满族亲贵忽觉，这些汉臣自曾国藩时开始便太受纵容了。放眼此刻天下，能与朝廷分庭抗礼的唯张之洞、袁世凯，故此调二人进北京。

此时的一班皇亲贵胄，急于把持朝廷大权，对汉臣颇为排斥。张、袁二人虽有矛盾，却也不得不互相援引，因为他们的处境从未如此相同过。同殿为臣，同是国家栋梁，同推新政，同受满族亲贵猜忌，颇有同病相怜之感。

6月，时任湖北按察使的梁鼎芬曾上疏朝廷，称："梁如浩、蔡绍基、刘燕翼等，以行贿而任关道，纲纪荡然。恐自是以后，人知有奕劻、袁世凯，不知有我皇太后、皇上矣……奕劻、袁世凯贪私，负我大清国如此已极。"

梁鼎芬看不惯张之洞的处境，才有了这番针对庆亲王奕劻和袁世凯的批驳。张之洞批评了梁鼎芬几句，毕竟袁世凯此刻与他同病相怜。辜鸿铭则对梁鼎芬钦佩不已：敢言，敢骂，虽有阿谀香帅之嫌，却也流露真性情。

值此政权风起云涌之际，辜鸿铭、梁敦彦被张之洞推荐到外务部。推荐辜鸿铭时，张之洞由衷评价："鸿铭满腹经纶，学贯中西，世所罕有。"1907年9月，梁敦彦率先赴京任外务部右侍郎，辜鸿铭则在次年浚治黄浦江工程告捷后北上，任外务部员外郎。

辜鸿铭拖家带口，再次来到业已熟悉的北京。安顿好家眷，再次走上这座古老城池的街头，他明显感觉到，笼罩在这座都城上空的蔚然王气比几年前淡了许多，一切似乎没变，又似乎已天翻地覆。夕阳下，紫禁城像沉睡的巨龙般匍匐着，隐隐笼罩着不安的气息。

可这里依然是帝都，天子脚下，王朝的心脏。辜鸿铭打起精神，按照上任前的规矩，草拟了一份陈言奏疏，名为《上德宗景皇帝条陈时事书》。

辜鸿铭奏言道："窃谓内政宜申成宪，以存纲纪而固邦本；外事宜定规则，以责功实而振国势。"辜鸿铭"位卑未敢忘忧国"，请人代奏，条陈时事，说欲想外交强大，必先革新内政，而革新内政必先削除李鸿章留下的北洋势力，也就是现在袁世凯的势力。

辜鸿铭认为办理外务，应统筹全局，“修邦交”重于“讲武备”，“庚子之祸实多因中外太隔膜，以致彼此猜忌，积嫌久而不通，遂如两电相激，一发而不可收”。对于“甲午庚子以来，士大夫皆多忿激，每言为国雪耻，遂致明廷近日亦以筹饷练兵为急务”，则认为“此犹非计之得者”，“盖彼卧薪尝胆之论，犹是当时战国列邦之陋习！”

罗振玉读到辜鸿铭的奏疏后，称：“探索根元，洞见症结，予受而读之，窃以为贾长沙（贾谊）复生不能过是”。

辜鸿铭这个小小的外务部员外郎，丝毫不惧袁世凯，在奏疏中坦言道：“有小人办外事，其祸更烈。”其刚烈心性，可见一斑。

辜鸿铭托人上奏，回到家中，居然看见张之洞在客厅巍然而坐。辜鸿铭连忙请安：“香帅有事，派人叫我去就是了，何必亲自来。”

张之洞白了他一眼，端起茶杯道：“你啊你，我下了朝就来找你，你跑哪去了？”

“太过快意，就在外面瞎走了一会儿。”

“谁给你的胆子，写什么‘有小人办外事，其祸更烈’，袁宫保会记恨你的！”

辜鸿铭不以为然：“我还以为香帅有什么大事，这个袁宫保，不说自己不讲学问吗，原来他也听得懂我的意思？”

张之洞快被他气乐，道：“哪个听不出来你是在骂他！”

“我听说，去年你与他一同入军机处时，他曾得意地对德国公使说：‘张中堂是书生，讲学问；我不讲学问，只办实事。’哼，天下间哪件事没有学问能办得好？也只有老妈子倒马桶这种事用不到学问。能说出这种话的人，就是泼皮。”

张之洞虽觉得辜鸿铭莽撞，可他说的话却也颇顺自己心气，无可奈何地道：“你就是头犟牛。不过朝中不少人，倒是对你这道奏疏很欣赏啊。”

辜鸿铭心里想道：我如此倡言，不求人欣赏，只愿皇上和太后能听我一言，权当一点良药。

可惜此时的大清王朝，已是无药可医了。

1908 年 11 月，是清廷最为不安的一月。14 日，38 岁盛年的光绪帝在中南海龙驭宾天，为后人留下无限猜想；15 日，73 岁的慈禧太后在皇宫呜呼西去。大清王朝两个当权者一前一后魂归天外，相隔不过 20 小时，山河变色，紫禁城为之震颤。二人相斗了一辈子，恩恩怨怨，只有到黄泉路上去说了。

如何稳定真空状态的朝局，成了重中之重。张之洞作为顾命大臣，责无旁贷地承担起让皇权顺利过渡的责任。上与隆裕太后商定国策，下则安抚朝臣民心，防止兵变。

最终，年仅 3 岁的溥仪顺利继位，年号宣统。其父醇贤亲王载沣出任监国摄政王，大权在握，大肆起用皇亲贵胄。载沣掌握实权后，张之洞的处境没有过多不同，可袁世凯的日子却艰难起来，毕竟他是出卖过先帝的人，而载沣正是光绪帝之弟。

戊戌政变中，光绪帝与维新派秘议对策，但维新派苦于没兵没权，只好向光绪帝建议以袁世凯对付荣禄。后来，光绪帝两次召见袁世凯，并授予侍郎，谭嗣同也曾密访袁世凯，劝他杀荣禄，举兵救驾。袁世凯嘴上答应，转过身却将光绪帝出卖给慈禧太后。

故此光绪帝对其恨之入骨，常书其名于纸上而后撕碎，帝系贵胄亦对袁世凯咬牙切齿。据说，光绪帝临死曾下遗诏：时机一到，即将袁世凯处以极刑。

载沣摄政后，欲除袁世凯而后快，一方面为兄报仇，一方面为夺取袁世凯手中的兵权。不过以何罪名来杀袁世凯，成了个难题。载沣本想以贪污罪名除掉袁世凯，但有贪污之实的官员不在少数，恐怕牵连出一些元老重臣如庆亲王奕劻，只好另设罪名，想以袁世凯瞒着自己与美国谈判互派大使为口实，密谋杀掉袁世凯。

张之洞老于世故，虽厌恶袁世凯的骄横，却也无法坐视不理，他必须为政局稳定和一众汉臣着想，为新政着想。朝堂之上，张之洞力谏道："主少国疑，不可轻于诛戮大臣。"又道："主上冲龄践祚，而皇太后启生杀黜陟之渐，朝廷有诛戮大臣之名，此端一开，为患不细。吾非为袁计，为朝局计也。"

庆亲王亦表示反对杀袁世凯，载沣认为此言有理，遂决定从轻发落。

宣统元年，1909 年 1 月 21 日，载沣发布上谕，称袁"现患足疾，步履维艰，难胜职任，着即开缺回籍养疴，以示体恤之至意"。

袁世凯只好奉旨，打碎了牙往肚里吞，作韬晦计，返回老家河南等待东山再起的机会。袁世凯虽不在北京，他的亲信心腹却遍布朝廷内外，个个身居要职，一有风吹草动即向他报信，是他最可靠的"报纸"。

载沣的掌权，意味着朝中汉族大臣的官运止步于此，再也得不到施展才华救国的机会。而那些满族的皇亲贵胄们，似乎预见到国运将衰，每个人想得最多的，是如何趁着最后一点机会牟取更多利益。

很快，载沣代理大元帅，统率禁卫军，军政大权系于一身，并任命他的两个弟弟为海军大臣、军谘大臣，任命荫昌为陆军大臣。至此，皇室终于得以把持军权。

张之洞救袁世凯一命，本意是缓解朝廷内外的满汉矛盾，免得祸起萧墙。然而这样做非但未能挽回大清王朝的颓势，却为袁世凯日后复出窃国提供了机会，这是张之洞所未能预料到的。

三朝老臣心

几十年的鞍马劳顿，让张之洞心力交瘁，罹患肝病。1909 年元月，给事中高润生参劾津浦铁路总办道员李德顺、督办大臣吕海寰营私舞弊，载沣想以满臣替之。终日为国担忧的张之洞，当即表示反对："不可，舆情不属。"

载沣坚持，张之洞又说："舆请不属，必激变。"

载沣有些蛮横地说："有兵在。"

张之洞退而叹息："不意闻亡国之言。"而后竟被气至咯血。

进入 6 月，张之洞病情加重，卧床不起。8 月 21 日，载沣亲临张府探病。重病缠身的张之洞，以赤子之心最后规劝载沣，愿其振朝纲，安天下。

载沣道："中堂公忠体国，有名望，好好保养。"

张之洞道："公忠体国，所不敢当，廉正无私，不敢不勉。"

载沣离开内室，太傅陈宝琛入，问道："监国之意若何？"

张之洞以手抚心，痛惜道："国运尽矣！盖冀一悟而未能也。"

他明白自己大限将至，告诫护持病榻前的子孙"勿负国恩，勿堕家学，必明君子小人义利之辨，勿争财产，勿入下流"，又令诵读遗折："当此举步维艰，外患日棘，民穷财尽，百废待兴，朝廷方宵旰忧勤，预备立宪，但能自强不息，终可转危为安……所有因革损益之端，务审先后缓急之序，满汉视为一体，内外必须兼筹，理财以养民为本……务使明于尊亲大义，则急公奉上者自然日见其多。”

当晚亥刻，一代名臣张之洞溘然长逝，终年72岁。23日，上谕加恩予谥文襄，晋赠太保，入祀贤良祠，翌年，灵柩归葬故乡南皮。

张之洞之死，标志着“同光中兴”的结束，朝廷最后一位忠心耿耿的柱石之臣不在了。少了擎天之柱，天崩地裂之劫近在眼前。

辜鸿铭得知张之洞的死讯伤心欲绝，相随二十余载，往事历历在目，向来硬气的他难免泪如雨下。他们二人初见之时，一个正值盛年，一个意气风发，转眼间沧海桑田，一个溘然故去，一个两鬓微霜。

为感念故人，辜鸿铭作《中国牛津运动故事》(The Story of a Chinese Oxford Movement)，1910年在上海出版。书中，他将张之洞和“红衣主教”纽曼进行对比，把张之洞领导的“清流运动”和纽曼攻击自由主义的“牛津运动”作对比研究，指出张之洞和纽曼的共同敌人是——现代欧洲高度物质文明的破坏力量。

这日，辜鸿铭的好友，同在外务部的梁敦彦前来拜访。二人虽同部为官，平时见面也较多，但多为公事，可以畅谈的机会很少。念起故去的张之洞，二人相坐无言，不胜唏嘘。

梁敦彦忧心地说：“香帅辞世，朝廷就塌了半边天，前途不可预测。听说你正作文追忆香帅？”

辜鸿铭亦有朝廷前途暗淡之感，说：“世间再无第二个香帅了。最近常忆过往，感慨颇多啊！我还骂过香帅呢，但香帅始终是我最敬佩的人之一。最近确有草文，不过是些零碎片段，成篇一定让你先睹为快。”

随即，二人天南地北畅谈开来，一抒心中积郁，从夕阳西下谈至夜半三更，挥洒意气，畅快淋漓。

二人举杯对饮，酒酣耳热之际，辜鸿铭不禁感慨：“香帅竭力推行的新政，怕又是竹篮打水一场空，他这一生都在定国安邦，使国家富强，奈何时势弄人，造化弄人。你知我最佩服香帅哪一点？”

“他的学识？眼界？”

辜鸿铭摇头道：“这确是佩服的，不过倒在其次。香帅竭毕生之心血为国图富强，但过世后才发现，他家资甚少，一家大小八十余口，过得很是清贫。思之令人痛心。”

言罢，二人短暂沉默一会，辜鸿铭突然道：“当今天下，心怀富国而不顾富己的，又能有几人？想让国家富强，确实要用袁世凯这种人。但他在富国前，必先富己，赚个盆满钵满。而富己之后，还能惦记着国家吗？我看不能。袁世凯，实是一贱种。”

梁敦彦一愣：“他家可是河南当地的大家族。”

辜鸿铭笑笑：“非也，我并非说他出身低。曾有个洋人问我：‘我西人种族有贵种、贱种之分，你能辨别吗？’我说：‘不能。’洋人说：‘凡我西人到中国，虽寄居日久，质体不变，其状貌一如故我，此贵种也。若一到中国，寄居未久，忽而质体一变，硕大蕃滋，此贱种也。’我问为何这么说，洋人答：‘在中国，凡百食品，其价值皆较我西洋各国低贱数倍。凡我贱种之人，以其价廉而得之易，故肉食者流，可以放量咀嚼。因此到中国未久，质体大变，肉累累坟起，大腹庞然，非复从前旧观矣。’你看，袁世凯甲午以前，本乡曲一穷措无赖。得人引荐而富贵，身至北洋大臣，于是营造洋楼，广置姬妾。现在开缺回家，又复构甲第，置园囿，穷奢极欲，擅人生之乐事，与西人之贱种到中国后胡吃海喝无异。”

梁敦彦不由得拊掌大笑起来：“汤生兄高论，小弟佩服。”

“庄子说‘其嗜欲深者，其天机必浅’，孟子也说‘养其大体为大人，养其小体为小人’。朝廷里袁世凯的亲信们说他是豪杰，我以为他就是一贱种。”

“这话要让袁世凯听去，难免要为难你。”

“这我倒是不怕。我现在骂他，以后还要骂他，他要是不想背上滥杀无辜、迫害学者的罪名，就得由着我骂。”后来，书生意气的辜鸿铭果然骂了袁世凯一辈子。晚年辜鸿铭在北大任教时还不肯放过早已入土的袁世凯，只要提起他，便要在讲台上骂一节课。

梁敦彦道：“咱们先不提他，说说眼下国会请愿的事吧！汤生兄有何看法？”

光绪和慈禧死后，载沣以预备立宪笼络人心，让一帮立宪派看见了希望，纷纷来北京请愿，要求开国会，立宪法，几次被清廷搪塞拒绝。立宪派人士绝望不已，此时正闹得厉害。

辜鸿铭略作沉思，随即侃侃而谈：“国会、宪政是个敏感话题，香帅生前，就不敢轻言。我一直认为，诸葛武侯的《前出师表》，即是一篇国会请愿书。何以言之呢？武侯对后主刘禅讲‘宜开张圣听’云云，此即是请开国会。又说‘宫中府中，俱为一体；陟罚臧否，不宜异同。若有作奸犯科，及为忠善者，宜付有司，论其刑赏，以昭陛下平明之治’，此即是请立宪。西洋各国当日之所以开国会立宪，其命意所在，与诸葛武侯说的所差无几。如今朝廷若能开张圣听，则治自明。如此，虽无国会，亦有国会；不如此，虽有国会，亦如无国会。朝廷能视官民上下贵贱俱为一体，陟罚臧否，无有异同，则治自平。如此，虽不立宪，亦是立宪；不如此，虽立宪，亦非立宪。

“所以我才说，武侯的《前出师表》，是一篇确确实实的国会请愿书。若今日各省代表之所请者，乃是发财公司股东会，非真国会。真国会之命意，在于平明之治。得平明之治，则上下自为一体，然后国可以立。股东会之命意在争利权，一国上下皆争利权，无论权归于上、权归于下，都使国将不国，还谈何权力？”

梁敦彦连连称绝：“你一定要将这些见解集结成书，有趣至极，有趣至极！”

二人对饮长谈近一夜，不觉间东方见白，醉意朦胧。辜鸿铭熄了灯，喃喃吟道：“醉里挑灯看剑，梦回吹角连营。八百里分麾下炙，五十弦翻塞外声。沙场秋点兵。马作的卢飞快，弓如霹雳弦惊。了却君王天下事，赢得生前身后名。可怜白发生……与崧生兄一番畅谈，快哉。”

时值深秋，似乎只在一夜之间，叶子便落了大半。

辜鸿铭与梁敦彦，只是偌大皇城中两个外务部小吏，虽有报国之志，却无着手之处。放眼朝野之间，所见一片枯朽，浑浑噩噩，正在消耗着最后一丝国运。

终得榜上名

张之洞故去次年，岌岌可危的大清王朝给了辜鸿铭梦寐以求的功名。因科举已废，此时的进士皆是颁赏的。1月19日，朝廷宣布“十二月初七日壬午核定游学专门各员赏给进士”，辜鸿铭获赏文科进士，名列严复之后，顺序为：严复，辜鸿铭，伍光建，王劭廉。除此之外，还有工科进士詹天佑等 7 人，以及法科进士张康仁。

辜鸿铭欣喜若狂，唯一美中不足的是，他的名次居然列在严复之后，不禁对人愤然道：“严复不过是把别人种的东西再作培植，别人倾倒之物重新捡起，创见何在，贡献何有？”

言下之意，对严复的译书工作颇有几分瞧不起。他似乎忘了自己也是一位颇负盛名的翻译家，不过他是将中文典籍译为英文罢了。

辜鸿铭始终对译介西方文化的严复颇有微词，甚至言：不杀严复天下不太平。

严复虽被誉为“翻译圣手”，晚年时却也顽固不化，和辜鸿铭的思想渐趋同流，尊孔而反对五四运动。他曾为辜鸿铭辩护：“辜鸿铭议论稍为惊俗，然亦不无理想，不可抹杀。辜平生极恨西学，以为专言功利，致人类涂炭，鄙意极以为然。”而对于反对辛亥革命的保皇人士康有为，辜、严二人皆引为知己。

受赏进士后，辜鸿铭从外务部员外郎晋升为左丞（相当于部长助理）。获进士赏赐时，辜鸿铭在京结识的朋友瑞仲兰来拜贺，难掩忧国之思的辜鸿铭对他说：“当前中国之自大，让人发笑，让人心寒。光绪十年，日本名下士冈千仞振衣氏来游中国，曾写《观光纪游》一书，有其友人樱泉氏论中国弊风一则，言辞正中要害。书里说，中国人从上到下无一不寡廉鲜耻，夜郎自大。读书的一朝得中，便翘起尾巴，对上卑躬屈膝，对下搜刮民财，不思继续学习；有些名儒大家，成天舞文弄墨，沽名钓誉，无益于现世；商贾工匠则装貌炫价，滥造粗制，骗取人财。中国真是‘政教扫地，一至此极，而侮蔑外人，主张顽见，傲然以礼义大邦自居。欧米人之以未开国目之，抑亦有故也。’这是日本人二十年前说的话。

“道光末年，徐继畬出洋，撰《瀛环志略》，当时见者哗然，说他吹捧外国人，因此落职。自古以来，中国由上至下夜郎自大惯了，也不足奇怪。今日慕西方者，又何前倨而后恭也？孔子说‘古之矜也廉，今之矜也忿戾’，所谓廉者无他，但知责己，而不责人。”

端仲兰笑道：“汤生兄才学之名冠侪辈，我当你早已腾达，为何今日仍屈居人下？着实令人不解。”

辜鸿铭无所谓地道：“我不拜客。”

端仲兰连称恍然悟矣，随即二人相视而笑。

1910 年，除了用英文写作的《中国牛津运动故事》外，辜鸿铭还出版了一部中文书：《张文襄幕府纪闻》。辜鸿铭回忆起幕府种种，针砭时弊，嬉笑怒骂皆成文章，读之令人时而快意，时而沉思。

辜鸿铭穷居北京，对大清的气数洞若观火，深感江河日下，回天乏术。紫禁城已然迎来了它的黄昏，而满朝的庸吏依旧碌碌无为。对此，辜鸿铭无能为力，明公已然谢世，与其在此地消磨时光，不如辞官南归。

写成追忆张之洞的文章后，辜鸿铭毅然辞去外务部官职，回到了他曾肆意挥洒才学的上海，任南洋公学校长。

南洋公学由盛宣怀于 1896 年创设于上海，办学经费由电报、招商两局提供。学校内有四院：师范院、外院、中院、上院，即师范学堂、附属小学堂、中学堂、大学堂。

1903年，南洋公学更名为上海商务学堂，后又更名为商务部高等实业学堂。1906年改为邮传部上海高等实业学堂，增加了铁路、电机等学科。辛亥革命后，改为交通部上海工业专门学校。1921年与唐山工业专门学校、北京邮电学校、交通传习所等合并，改名为上海交通大学。

当时，沈增植恰好辞官居于上海，辜鸿铭常与他相偕出游，谈天说地。在宦海中游了几遭，二人对国事的看法惊人的一致。当前中国，他们这种人微言轻的书生无法改变局面，还是留给那些位高权重之人去管吧。

辜鸿铭在上海交友教书之际，大清王朝再次进入了多事之秋，进退失据。

起因还在宪政与贪腐。近几年，以张謇、汤寿潜、郑孝胥为首的立宪派在上海成立预备立宪公会；康有为将保皇会改组为“中华帝国”宪政会；梁启超在日本组织政闻社……大家用尽手段，连续四次到北京请愿，希望早日召开国会。

借商办铁路收归国有之机，一班狼心狗肺的朝廷大员向帝国主义大肆借款，由此导致四川爆发保路风潮，成立保路同志会。请愿群众如潮水般不可收拾，四川总督奉命擒杀，反倒引发了武装暴动，朝廷命端方带兵从湖北入川镇压。

最让清廷惊惧的，是1911年4月爆发的广州起义。孙中山领导同盟会，发出了动摇清廷统治根基的呼声：“国内革命之时势实以之造成矣！”起义很快被镇压，但清廷意识到，孙中山的革命思想，已经深深印在了这个国家的未来——年轻人的心中，这是决定性的变化。大量革命团体成立，受到四川、广州革命形势的影响，湖北武昌的军队在革命团体的领导下准备发动大规模起义。

1911年10月10日，武昌起义爆发，武汉三镇很快被拿下，湖北军政府建立，黎元洪为都督。黎元洪是湖北黄陂人，人称“黎黄陂”，是中华民国第一任副总统、第二任大总统。1883年入天津北洋水师学堂学习，后在海军供职。甲午战争后，投奔湖广总督张之洞，受到赏识，两次奉派赴日学习，升至湖北新军协统。1906年擢升暂编陆二十一军统领，1911年保路运动兴起，以军界代表资格参加湖北铁路协会。武昌起义时，任革命军湖北军政府都督。南京临时政府成立时，当选为副总统，仍兼鄂督。袁世凯死后，继任总统。1917年，段祺瑞利用张勋将其逐走，1922年直系军阀控制北京政府后复职，次年又为直系所逐。晚年投资实业，1928年病逝于天津。

武昌起义后，各省人民纷纷倒向革命军，一场空前的革命猛如洪水，湖北、湖南、陕西、江西、山西、云南、浙江、江苏、贵州、安徽、广西、福建、广东等十三省纷纷宣布起义，辜鸿铭所在的、当时最大的城市上海紧随其后。

满族亲贵吓破肝胆，纷纷拖家带口逃出北京，到洋人租界避难，津、沪租界房价为之骤升。有人写了一副对联讥讽这些仓皇逃窜的王公贵族：君在，臣何敢死？寇至，我则先逃。

上海，报社的集中地望平街上，每天都挤满了前来探听消息的人。全国上下情势汹汹之际，辜鸿铭辞去南洋公学校长一职，说起来这跟革命大有关系。

国家出了这么大的事，辜鸿铭自然不会置之不理，他抄起纸笔大书特书，投稿到《字林西报》，编辑一字未改尽数登上。辜鸿铭在文中表达了对革命军排满做法的不满，毫不隐讳地称辛亥革命“是一场暴乱”。

文章发出后，有报刊称辜鸿铭为“怪物”，还以大标题标注。南洋公学的学生们群情激愤，在这群新兴的知识分子看来，辜鸿铭就是冥顽不化的保皇党，反革命。辜鸿铭一到学校，学生就将他团团包围，大加诘问。辜鸿铭也来了脾气，大喝一声道：“言论本可自由，汝等不佩服我，我辞职。”

学生们纷纷鼓掌，散了开去。

辜鸿铭气鼓鼓地离开了南洋公学，从此再也没有回去。闲下来的辜鸿铭，每日只有三件事：看书，写作，和访客聊天。

日落紫禁城

曾令辜鸿铭魂牵梦萦的帝都，此刻陷入了进退失据的尴尬局面。清廷的朝政由摄政王载沣和隆裕太后主持：想进，他们自觉无法战胜革命党；想退，又再无可退的余地。载沣无可奈何地做出了一个尴尬至极的决定：重新起用被他撵回河南老家“养病”的袁世凯。

载沣知道袁世凯有多危险，可眼下混乱的朝廷实在无人可依。载沣相信，如果袁世凯出马，革命军还是不堪一击的。他只能把这个决定当作一场赌局，赌袁世凯的忠君之心：赢，大清江山得以保全；输，爱新觉罗氏就此下台。载沣禁不住悲观地想，这个人能出卖先帝，又有什么理由不出卖现在的皇上呢？

北洋新军是清廷最对付革命党最有力的武器，而这个武器，只有袁世凯使得动。他在朝中的政治力量，比 6 岁的宣统皇帝要大得多，亦比载沣的根基深厚。

在这个兵荒马乱的年月，袁世凯迎来了人生的春天。清廷任命袁世凯为湖广总督，命他南下镇压革命。韬光已久的袁世凯却端起架子，和朝廷干耗着，因为他知道，朝廷已经慌了神，无人可依了。袁世凯不紧不慢地给了朝廷答复：足疾未愈，暂不能奉诏讨贼。袁世凯不肯从老家出来，而他在北洋军中的亲信则坐镇前线观望不进，载沣等人急得似热锅上的蚂蚁一般。

10月27日，清廷进攻武汉受挫，湖南、陕西、江西等省又相继起义。载沣不得不痛下决心，任命袁世凯为钦差大臣，节制湖北水陆各军，这已经是给袁世凯天大的权力了。然而袁世凯并不满意，他提出召开国会，组织责任内阁，授予他军事全权，保证供应充足军饷等条件。

清廷对此犹豫不决。在袁世凯策动下，张绍曾联合卢永祥等进行兵谏，电奏政纲十二条，要求速开国会，改定宪法，特赦国事犯，组织责任内阁。迫于压力，摄政王载沣连忙下“罪己诏”，颁布宪法“十九信条”，下令释放政治犯，解散皇族内阁，任命袁世凯为内阁总理大臣，组织“责任内阁”。至此，清廷的军政大权尽归他手。

袁世凯心满意足，着手处理军务。不得不说，袁世凯在军事方面很有一手，他迅速扭转了长江中游地区的战斗形势，将武昌对岸的汉口和汉阳从革命军手中夺回。然而，袁世凯并不急于将革命军彻底击垮，他有自己的如意算盘。

袁世凯派唐绍仪到上海同革命军进行和谈，不料唐绍仪心向革命，到上海后不久便声明赞成共和，然后辞去代表职务。

1912年1月1日，南京临时政府宣布成立，孙中山就任临时大总统，继续坚持北伐。但南京临时政府窘于无枪械钱粮，誓死捍卫革命的孙中山不得不妥协，南北双方达成协议，清帝宣布退位，孙中山向临时参议院辞去大总统一职，袁世凯则表示自己赞成共和。

清廷接受了退位的《优待条例》，主要内容有：大清皇帝辞位后，尊号仍然不废。中华民国以待各国君主之礼相待；岁用四百万两，俟改铸新币后改为四百万元，此款由中华民国拨用；暂居宫禁，日后移居颐和园，侍卫人等，照常留用……

1912年12月12日，由隆裕太后颁布退位诏书：

奉旨朕钦奉隆裕皇太后懿旨：

前因民军起事，各省相应，九夏沸腾，生灵涂炭，特命袁世凯遣员与民军代表讨论大局，议开国会，公决政体……是用外观大势，内审舆情，特率皇帝，将统治权归诸全国，定为共和立宪国体，近慰海内厌乱望治之心，远协古圣天下为公之义 。袁世凯前经资政院选举为总理大臣，当兹新旧代谢之际，宜有南北统一之方……仍合满、汉、蒙、回、藏五族完全领土，为一大中华民国，予与皇帝得以退处宽闲，优游岁月，长受国民之优礼，亲见郅治之告成，岂不懿欤？钦此。

这不是王朝推翻王朝，而是制度推翻制度——共和制推翻君主制。至此，大清王朝共历12位帝王，267年。

醇亲王载沣结束了他短暂的摄政生涯，唯有向清太祖努尔哈赤忏悔，向诸位祖宗哭诉。百姓还没缓过神来：皇上虽还在，却又不在了——皇上退位后，来了个大总统。

上海，辜鸿铭正坐在沈增植家里，几位友人聚在一处畅饮畅谈。

气氛正热烈之际，只听一个仆人的声音由远及近，口中对沈增植喊道："老爷，老爷，快看啊！"

众人待仆人跑进来，才见他手中握着一份报纸。

沈增植道："你先退下，大呼小叫的没礼貌，没见这么多客人吗？"

众人随即继续高声笑谈，没有理会这仆人。报纸嘛，不过是文人的沙场，这点辜鸿铭最清楚不过，他自己就是一员勇将。

仆人硬是将报纸塞到沈增植手中，小声道："老爷，您还是看看吧！"

沈增植不以为意地扫了一眼，登时碰翻了酒杯，紧盯着那粗黑的一行大字：清帝宣布退位！

沈增植嘴唇哆嗦着，反反复复看了几遍，不禁老泪横流。诸人鸦雀无声地等他开口，只见他摆摆手，手中报纸滑落在地，头版朝上。

这下，在座的每一位都看清了。

辜鸿铭只觉得脑袋里"嗡嗡"作响，像是有人在里面敲钟。他嚎了一嗓子，起身向北而跪，众人亦向北长跪不起。

本来热闹的宴会，顿时成了追悼会，一时间哀鸿遍野，每个人都顿足捶胸地哭着已经退位的"皇上"。辜鸿铭这个深受皇恩的文科进士，更是哭得鼻涕一把泪一把，他感觉脑后辫子的分量，从未如此沉重过。

他们哭皇上，哭大清王朝，是发自肺腑的哭。皇上退位，王朝颠覆，对这些传统的文人学者的打击，不亚于家破人亡。眼泪哭干了，众人有一句没一句地谈了起来。

一个人握着自己的辫子道:“他们把皇上逼退位了，会不会不让咱们留辫子了？”

辜鸿铭嘟囔道:“不管哪家掌权，我这辫子一辈子不剪。”说着，仔细读起报纸来，读罢五内俱焚，咬碎银牙道:“袁世凯！这个贱种！”

又问沈增植:“我们怕是要大难临头了吧？”

沈增植擦去清泪，拉着辜鸿铭的手一字一顿地道:“世受国恩，死生一志。”

不久后，修订版《中国牛津运动故事》出版，除了悼念张之洞外，辜鸿铭还对袁世凯大加挞伐，用英文骂得畅快淋漓。后来林语堂对此骂做过翻译:“袁世凯的行为，连盗跖贼徒之廉耻义气且不如。袁世凯原奉命出山以扶清室。既出，乃背忠弃义，投降革命党，百般狡计，使其士兵失了忠君之心，然后拥兵自卫，成为民国总统……袁世凯不但毁弃中国民族之忠义观念，且并毁弃中国之政教，即中国之文明……许多外人笑我痴心忠于清室。但我之忠于清室，非仅忠于吾家世受皇恩之王至——乃忠于中国之政教，即系忠于中国之文明。”

“忠于中国之文明”，自此成了辜鸿铭一生的宗旨，他以超乎常人的顽固坚决奉行，雷打不动。

清帝退位后，逊清的遗老遗少们星散各地，借居租界，暗中纷纷搞些复辟活动。仅凭一颗忠君体国的热心，思谋借助于西方列强，实现复辟。

上海有广大的租界供他们活动，故此成为复辟事业的中心。上海的复辟人士中，以江苏阳湖绅士恽祖祁、恽毓昌父子最为积极，和军界张勋、徐宝山、张怀芝、张作霖等时有联络，并与允升、长庆、李经羲、锡良等过从甚密。辜鸿铭、沈曾植、赵凤昌，这三位在上海的张之洞幕下才子，也积极参与，与北京宫廷暗通声气。

念前朝旧梦

复辟人士眼中，袁世凯只会打仗，不会治国，僭居高位名不正言不顺。如今局势混乱，大小军阀横行霸道，为害四方，每个军阀都是土皇帝，各省战火不绝，生灵涂炭。本对共和抱有期望的民众和有识之士，逐渐寒了心，相比之下，很多人还是怀念前朝——毕竟一个皇帝，要好过千万个土皇帝。复辟人士断定，如此发展下去，袁世凯的江山必定会分崩离析，各自为营。而天下百姓心念前朝，届时只需拥立宣统登高一呼，很容易便一统江山，还于前朝，而诸君皆为殿上中兴之臣。

辜鸿铭也有此想。辜鸿铭学贯中西，语言天赋世所罕见，正可以借助于联络列强，所以受到重视。

复辟诸公既无枪炮兵马，也无钞票粮饷，只有一颗赤诚的人臣之心和复兴大清的宏愿，寄希望于西方列强的干预，与日本等国频频接触，希望得到支援。而日本人对于复辟活动，有一定的观望之心。

日本人知道这些坚定的复辟者们少有实权，根基不稳，但他们的身份让日本人认定这是一支“潜力股”。复辟者中，有皇亲国戚、地方豪绅，还有名满天下的学者，让日本人不禁想赌上一次。复辟者马上抓住了这根稻草，迅速做出反应，将精通日文的辜鸿铭派往日本，游说日本政府。

1913 年 1 月初，辜鸿铭带着使命东渡扶桑，踏上日本国土、也就是爱妾蓉子的故国。对于这个愈发强大的弹丸之国，辜鸿铭早就想见识一下了。

早在1887年，辜鸿铭便见识到了日本人的与众不同。那时日本海军少佐松枝新一乘战舰游长江，亲自造访辜鸿铭，又邀请他到舰上参观。两人于酒市畅谈，主客虽萍水相逢，却欢若平生。

辜鸿铭问松枝新一："松枝君，我有些疑惑，希望你能不吝赐教。我少游西洋各国，眼见西洋近百年来风气大开，只讲求发展和制造，强大后便来东方惹是生非。我们东方人重视道理，不尚制造，故而远不如西人。加之近年来民俗苟安，不思进取，故常苦无抵御之策。唯日本与我华义属同族，书亦同文，且文物衣冠，犹存汉、唐古制，民间礼俗，亦多古遗风，故其士知好义，能尚气节。西人东来之时，皆慷慨奋起，致身家国，不顾性命。当时又有豪杰如西乡诸人辈出，皆通古今，能因时制宜，建策修国，制定国本。怪不得日本今日之能振国威，不受外人狎侮。不过，我听说日本国人近日既习西文技艺，往往重西学而轻汉文经书，我心里很困惑。"

辜鸿铭一扫平日的孤高，满脸的诚恳，松枝新一知他忧心中国文化是否已过时了，遂解释说："先生多虑。想我原日本士族，幼年习西人兵略航船之术，然尤好中国文学，故能荷其国家重任。"

辜鸿铭慨然大叹："我就说嘛，日本所以致今日之盛，固非徒恃西洋区区之智术技艺，实由其国存有我汉、唐古风，知义而重气节。"

后来，日本战胜俄国，令民族主义者辜鸿铭看到了东方文化的曙光。此番来东京游说日本政府，辜鸿铭惊喜地发现，日本对自己非但不陌生，而且很尊崇。他在横滨《日本邮报》上发表的一系列文章，如《尊王篇》，令他在日本声名鹊起。日俄战争期间，他为日本呐喊、鄙夷西方人的文章，使他更受欢迎。

辜鸿铭到了日本后，总是兴高采烈地应邀，游走于各种演讲场合中。他实在是太爱演讲这项活动了，他敏捷的思维和雄辩之才，完全得以施展。

在演讲中，他津津乐道地赞美东方文化，称道日本人以汉唐古风立国，在世界上为亚洲争了光，痛击了那些到东方来的，狂妄自大的欧洲人，斥责欧洲人为半开化的没有教养的流氓……辜鸿铭每请必到，口齿伶俐至极，天南地北地聊，时而用英文，时而用日文，兴致来了甚至还用希腊文、拉丁文、法文、德文，旁征博引，口若悬河，这可难坏了翻译人员，常常被他吓得瞠目结舌，无法张嘴。

日本人向来崇拜强者。中国人他们见得多了，形形色色的都见过，可他们没见过辜鸿铭这样的。他虽留着灰黑的辫子，头戴瓜皮小帽，打扮得一丝不苟，却博学机敏，又是个语言天才。辜鸿铭的自尊心、自信心和民族自豪感，在日本人的欢呼声中得到了极大的满足。演讲中，他常神气地握着自己的辫子，向日本人宣扬大清王朝是正统的中国文化的根基，日本文化既出自中国，就该同心系君王的中国臣民一道，让大清王朝再现辉煌。

辜鸿铭作为演说家是极成功的，然而作为说客却略欠一筹。虽曾为官多年，他终究只是个单纯而多才的书生，不是狡诈的政客，摸不透日本在打什么算盘。

日本已经吃了台湾全岛及所有附属岛屿，又从俄国人口中抢到了东北三省，他们只想要切实的利益，而不是漂亮的包装纸。

辜鸿铭很努力地游说，对日本政府慨然高呼："中国与贵国同根同源，文字相同，风习一般。现在大清王朝翻覆，中国文化面临一场浩劫，请贵国感念自家文化，助中国恢复正统……"

除了一次又一次成功的演讲和听众的喝彩，辜鸿铭的日本之行可谓无功而返。日本政府只搪塞给他一个空口许诺，他只好化郁闷为斗志——继续在演讲中宣扬挚爱的东方文化。在日本盘桓数日，辜鸿铭还是心灰意冷地踏上归国的航船，一路闷闷不乐，只有念起自己演讲时的盛景，才能使心情稍有好转。

不久后，坚定的复辟"志士"辜鸿铭终于开心点了。瑞典文学院提名了两名东方人作为 1913 年诺贝尔文学奖候选人，一位是辜鸿铭，另一位是泰戈尔。不过被提名文学奖这种事，对辜鸿铭来讲不甚重要，他正一门心思想着复辟，又深感壮志难酬，不禁郁闷。

1913 年 1 月底，辜鸿铭回到上海，对复辟前景不甚乐观的他为了纾解心中积郁，便动身前往青岛，去看望儿子辜守庸。一方面他确实思念儿子，另一方面，他怕儿子在学校里"造反"。

辜守庸是辜鸿铭的爱妾蓉子为他生的唯一一个儿子，被辜鸿铭视作宝贝疙瘩。早在 1907 年，辜鸿铭就将辜守庸送到青岛，在中德政府合办的青岛大学预科班学习。

据青岛大学的一个学生回忆，上《哲学入门》课时，奥地利籍讲师赫善心博士屡屡提到辜鸿铭的名字，说他是中国现代哲学家，可班里却无人知道他，漠然置之。

赫善心惊讶不已地问："他的儿子也在校中学习，你们为何不知道？"

同学们便找到辜守庸，问他的父亲到底厉害在哪里，为什么连外国的博士都这样推崇他。辜守庸把辜鸿铭所著的《张文襄幕府纪闻》上下两册拿给同学们看。同学们读后，不觉得有太多可取之处，也看不出著者有何出众学问。

后来，直到这些学生赴德国留学，读到了辜鸿铭一些德文版的著作，结合他的生平，才知道为什么外国人这样崇拜他。

学者型遗老

1911 年广州黄花岗之役后，青岛大学学生响应革命，纷纷自动剪掉发辫。其时武昌起义尚未爆发，学校并不赞成，却也奈何不了这些年轻的学生。福建同乡们劝辜守庸也参加行动，但辜守庸连连摇头:“我父亲怕是不允的。”

武昌起义后，校中只有少数学生还拖着长辫，辜守庸便是其中之一，成为校内典型的大清遗老子弟之一。

辜鸿铭以“老大中华的末了的一个代表”的身份从上海来到青岛，拖着发灰的辫子，长袍马褂，反对革命，被斥为“宗社党”。

来青岛后，辜鸿铭和清末著名外交家吕海寰走得很近。有一次辜鸿铭去看望吕海寰，发现他正在家里号啕大哭，连忙询问，原来他的三个大学生儿子到底还是把辫子给剪了。辜鸿铭听了也十分痛心，又想如今世风日下，自己的儿子倒还算本分。辜鸿铭跟刘廷琛关系也不错，二人同是复辟派，志同道合。后来刘廷琛之子刘式曾回忆说:“辜鸿铭当时大骂康有为，认为‘清朝之亡，始于康梁’。”

青岛的复辟圈子有一个核心人物，那便是大清的恭亲王。老一代恭亲王奕䜣早在 1898 年就已辞世，现在的恭亲王是奕䜣的孙子——溥伟。溥伟是坚定不移的复辟派，来到青岛后，成了复辟圈子的中流砥柱，并组建了“君主立宪维持会”，俗称“宗社党”。

溥伟经常到三江会馆与清朝遗臣们会面，那也是辜鸿铭常去的地方。溥伟见辜鸿铭心诚志坚，便有意接纳他。可辜鸿铭那时无意参加政治活动，只想到处发发牢骚，而且他的复辟原则和溥伟等人多少有点分歧。

有一次，辜鸿铭去见溥伟，和大家坐在一起讨论他们最爱的话题——复辟。起初，辜鸿铭还比较认同其他人的想法，但后来突然说到，若复辟成功就让恭亲王当皇帝，辜鸿铭顿时就很不开心。他认为宣统帝才是正统，怎能让恭亲王做皇帝呢？

后来溥伟大摆宴席过生日，门外忽然来了一个陌生人。仆人问他是做什么的，那人恭敬地递上名片说：“听说恭亲王病重，我得了消息特来给他看病。”仆人见他不像是信口胡诌，便到宴席上小声问溥伟：“王爷，您身体不舒服吗？外面来了个大夫要给您看病。”旧时最忌讳在寿诞之日说这些不吉之话，溥伟不禁大怒，臭骂了仆人一顿，外面那自称是大夫的人却笑着离开了，据说这人是辜鸿铭安排的。

青岛复辟圈子里的众人，除了在一起磋商复辟大业，还常举办些活动。有次，一位德国人宴请他们，期间有两名女子演奏乐曲，用的是他们从未见过的乐器，美妙动听。辜鸿铭跟这些遗老们解释，那是披雅娜（钢琴）和怀娥铃（小提琴）。忽然有位遗老问了一句：“不知这两个人要多少银子？”辜鸿铭看了德国人一眼，赶紧拉住他的袖子：“那是人家的夫人和小姐。”

青岛是德国租界，十分推崇辜鸿铭的德国人常常慕名拜访，这让他颇有几分自得。

这时，他结识了一位好朋友，即后来赫赫有名的德国汉学家、将《易经》译成德文的卫礼贤。

卫礼贤25岁便千里迢迢来到中国。他本是来传新教，却一发不可收拾地迷恋上了中国传统文化，从传教士变成儒家信徒，研习中文，并着手将中国典籍译成德文。卫礼贤久闻辜鸿铭大名，还曾在1911年将《中国牛津运动故事》译成德文。二人在青岛相见，结为密友，时常一起讨论学术。辜鸿铭贯通东西的渊博学问，令卫礼贤钦佩不已。

卫礼贤曾在1926年出版的著作《中国心灵》中回忆与辜鸿铭交往的细节："他总是像流星一样突然出现，满脑子奇思妙想，情绪变化无常，诅咒和诟骂新时代、革命和该为每一件事情负责的外国人。同时，他会对中国文化进行纵览，揭示先哲智慧中最深刻的内涵，富于想象地描述古代精神活动和文学作品中的画面；然后，他会在中国和欧洲的人及其时代之间做表面的对比；之后，他的坏脾气会再次发作。他对所有的事情都不满，没有一个人他找不出缺点来，他因此也搅黄了许多事。就连那是秘密拟议中的王朝复辟计划，也因琐碎的争吵破产了。辜鸿铭执意要做外交大臣，这引起了许多人的不满。"

卫礼贤跟德国哲学家凯瑟林伯爵是好朋友，凯瑟林曾经说："中国人的这种本性恐怕比不上欧洲人的活力。"对此，卫礼贤想到了辜鸿铭："我告诉他，我只希望他能认识辜鸿铭，他的活力和刚健的耐久力丝毫不比任何欧洲人差。"

凯瑟林认识辜鸿铭后，卫礼贤在《中国心灵》中记录下他们二人交流意见的情形："伯爵说话时，辜鸿铭总是迫不及待，等不及轮到自己。他把中文、英文、法文和德文都混在一起，又说又写。这位东方哲人的心灵和头脑中充满了各种各样的思想和感觉，包括整个世界的历史和上帝的创造计划，以及远东的精神和西洋的掠夺本性。他把所有这一切都倾泻给伯爵。”

最后，凯瑟林伯爵“承认自己面对着一个有活力的中国人”。

卫礼贤敬重辜鸿铭，很多地方都会请教他的意见。比如，为了促进中西文化交流，卫礼贤想成立一家中西文社，询问辜鸿铭的意见时遭到了反对，他说：“应该是让大家学习孔子学说才对。”还把之前“中西文社”的名字改成了“尊孔文社”，但他只是起好了名字，还没正式参与就离开了青岛。在礼贤书院旧址（现青岛市第九中学）内有一栋100多年的老楼，就是“尊孔文社”的其中一座，见证了辜鸿铭和卫礼贤的友情。

辜鸿铭在青岛的形象，是一个学者型的遗老，虽同其他遗老一样思想守旧，却也自有其丰富多彩的一面。他人守旧，是因没看过中国以外的世界；辜鸿铭守旧，却是因看遍了世界，依旧觉得中国文化最好。故此，他的顽固最彻底、最刻骨、最难以撼动。

却寻醉处重徘徊

五国银行团

辜鸿铭在上海的生活最为风光、惬意，然而最让他痴醉的地方，仍是天子脚下。

辜鸿铭在青岛过了一阵子优哉游哉的闲散生活，手头颇有些拮据，便决定再次去北京——前朝的帝都，民国的首都，他最讨厌的大总统袁世凯坐镇之处。

如今的袁世凯春风得意，正傲然立于人生巅峰睥睨众生。因为他，真龙天子闲居深宫；也因为他，革命党人将总统宝座拱手相让。

留在北京，是袁世凯精心策划的结果，也是他为未来铺就的第一步。南北议和中，袁世凯满口答应南方革命党人，称会在南京就职。若光绪帝仍在世，知道此事，恐怕要好心提醒革命党人：别信，信了袁世凯的承诺，就是自讨苦吃。袁世凯自然不会离开根基稳固的北京，去南京将身家性命置于革命党人的势力范围内。

南方派出专使团前来迎接袁世凯南下，蔡元培为团长，刘冠雄、钮永建、宋教仁、王正廷、汪精卫等人为成员。使团到北京后，袁世凯一面盛情款待，以“竭诚尽力，早日南行”相搪塞，一面自导自演了一场兵变。乱兵还有声有色地攻击了使团的馆驿，吓得蔡元培连忙带领其他人到六国饭店避难。

袁世凯只想通过兵变证明一件事：我尚未正式南下，就已有乱兵蠢蠢欲动，看来北方的稳定离不开我袁某人。此次兵变致使无数百姓丧生，许多家庭惨遭洗劫，然而这在袁世凯看来，不过是“一将功成万骨枯”的一部分而已，合情合理。孙中山没有办法，只得妥协，袁世凯如愿以偿地留在了北京——他的根基所在之处。

袁世凯是个极自私之人，只要有好处可捞，便可无底线地不择手段。为了做直隶总督，他出卖了光绪帝；为了窃权，他出卖了宣统帝；为了留在北京，他又食言于革命党人。这个屡次弄他人于股掌之间的人，却偏偏一帆风顺地爬到了金字塔的顶端，令人吃惊。

1912 年 3 月 10 日，袁世凯如愿以偿地在老巢北京宣誓就职，出任临时政府总统。第一届国会选举之时，革命党人宋教仁投身竞选，影响很大，让袁世凯十分窝火。他索性连底线也不要，使出了为人不齿的卑鄙手段——暗杀宋教仁。1913 年 3 月，宋教仁准备北上组阁，在上海东站惨遭暗杀。闻讯，袁世凯故作惋惜道：“遯初（宋教仁）可惜，早知如此，何必当初？”

这一场暗杀，如长空惊雷，让本来对袁世凯抱有几分希望的孙中山等人彻底绝望。他们终于看清了袁世凯的嘴脸，却因为无兵无钱，不得不暂时忍气吞声。许多人无奈地混迹在袁世凯政府，甚至彻底投靠袁世凯。

袁世凯大权在握，掌有雄兵，唯独缺钱，可钱又是最缺不得的。他打算搜刮百姓，但百姓早已被榨干净，再压榨下去，土匪恐怕会更多。最后，袁世凯只好请他的心腹梁士诒出主意。梁士诒有理财天赋，是财政专家，捞钱好手，曾中光绪年间进士，后与袁世凯交好，屡次利用职权为其筹集经费。后来，梁士诒陆续任袁世凯总统府秘书长、交通银行总理、财政部次长、北洋政府国务总理等职务。

梁士诒为袁世凯出了一招——向洋人借，因为洋人最有钱。

袁世凯深以为然，立即指派国务总理赵秉钧前往洽谈。

赵秉钧是袁世凯的心腹，1902 年受袁世凯委派，在保定、天津创办巡警，升至道员。1905 年任巡警部侍郎。1909 年被撤。1911 年任袁世凯内阁民政部大臣。1912 年袁世凯授以内务总长，国务总理。同年加入同盟会。1913 年参加与策划刺杀宋教仁，案情揭露后，辞职。改任步军统领兼管京师巡警，北京警备区域司令官，镇压倒袁的国民党人。“二次革命”时任直隶部督兼民政部长，1914 年被袁世凯毒死。

西方列强的金融家们早就摩拳擦掌地等着袁世凯上门，银行里的资金与其闲置，不如借给当今中国最有权力的男人以赚取高额利息。于是立即由五国的银行组成银行团：英国汇丰银行，法国汇理银行，德国德华银行，日本正金银行，俄国道胜银行。

谈判代表团由汇丰银行的禧礼尔、汇理银行的贾粹尔、德华银行的柯德士、正金银行的小田切、道胜银行的基尔里组成。

万事俱备，只欠一个能疏通双方的纽带——翻译。为便于沟通，理想的状态是只用一名翻译，甄选条件顿时苛刻起来。上哪里去找这样一个精通多国语言的天才呢？各国在京大使所推荐的人物中，无一例外出现了一个名字：辜鸿铭。最终，银行团主席禧礼尔决定，聘请辜鸿铭担任借款谈判翻译。

辜鸿铭还不知银行团已决定聘他做翻译，正闲居北京，感受着天翻地覆的变化，总觉得男人们没了辫子，怎么看都不像回事。辜鸿铭拖着辫子走在街上，常引得行人驻足回望，他不觉尴尬，反而有遗世独立的清高之感，愈发觉得头上的辫子珍贵。还有一件事引起了他的注意：街上的女人多了起来，不只是出来谋生的，还有本该闲在深闺的小姐们，对此辜鸿铭不胜感慨。他听说前两年，孙中山做大总统时明令禁止缠足，想来过些年就会看到大脚丫子的女人满街跑的“盛景”了，真是可惜可叹。

闲在北京，辜鸿铭每日的生活不外乎看书、访友、写文章，颇有囊中羞涩之感。想找些事来做，又不想放下身段去求人。所以，当五国银行团派人来请他时，他干脆地答应了。

“小事一桩，没有问题。但我要事先说明佣金的问题，你们再考虑要不要请我。”

办事员赶紧点头道：“您说，您说。”

辜鸿铭搓了搓手，缓缓道：“那好，佣金是六千银圆。”

“六千？辜先生，您是在开我的玩笑吧？”

辜鸿铭板起脸，说：“就是六千，不能讨价还价。你们要是出不起，就另请高明吧。”

办事员口中应下来，回去汇报给禧礼尔：“主席先生，辜鸿铭要六千银圆，咱们要不要请别人？”

禧礼尔喜形于色，问道：“他开价了？那就说明他肯出任咱们的翻译，六千太值了！”

就这样，辜鸿铭当上了五国银行团的翻译，着实风光了一把。谈判席上，他英、德、法、日诸国语言无一不通，言辞机敏，完美解决了谈判中的许多困难。

最终，袁世凯一咬牙，于1913年4月26日在北京订立《善后借款合同》。

借款总额为2500万英镑，年息5厘，期限47年；债券9折出售，八四实收，扣除6%的佣金，净收入2100万英镑。借款指定用途，扣除偿还到期的庚子赔款和各种外债、遣散各省军队、抵充政府行政费外，仅余760万英镑，而到期归还本息竟达6789万英镑。借款以中国盐税、海关税及直隶、山东、河南、江苏四省所指定的中央政府税项为担保。

在这次善后大借款中，辜鸿铭狠敲洋人一笔，洋人则更狠地敲了袁世凯一笔。辜鸿铭大发感慨："所谓的银行家，就是晴天千方百计把雨伞借给你，雨天又凶巴巴地把雨伞收回去的那种人。"后来，此语被当成英国谚语收入了英国《大不列颠辞典》。

这笔佣金使得辜鸿铭不再为生计发愁，可以潇洒好一段日子。他每日除了扎在书堆里钻研中国文化，便是与友人高谈阔论，骂这看似新潮实则荒唐的社会，骂洋人吃人不吐骨头。白天倒还过得快，高谈阔论一番便到日落之时，漫漫长夜才是最难熬的。

辜鸿铭已经57岁了，睡眠总是很轻很浅。当这座民国的都城陷入深沉的夜色、鼾声四起时，前朝的辉煌气象便在辜鸿铭心中隐隐浮动。他眺望紫禁城，想到数重宫墙内的皇帝，想到濒临或已然断绝的王气，不禁泪沾霜鬓。而太阳升起后，他会继续高谈阔论，笑得开怀。

纸笔论天下

“中国精通英文的，只有三个半。其一辜鸿铭，其二伍朝枢，其三陈友仁。”语出孙中山。这三人中的辜鸿铭和陈友仁，倒是打过不少交道，只是不甚愉快。

陈友仁祖籍广东香山县（今中山市），出生于西印度洋群岛的特立尼达。西洋名尤金·陈，从小精通英文，但不会说中国话。1912 年春，回到北京，任北洋政府交通总长施肇基的法律顾问。1914 年创办英文报纸《京报》，自任总编。1924 年任孙中山秘书。1927 年出任武汉国民政府外交部部长。1932 年续任国民党外交部部长，因力主抗战，被迫去职。1933 年参加福建事变，失败后赴法。1937 年后闲居香港。1944 年病逝于上海。

1914 年，陈友仁在北京创办英文报纸《京报》，因钦佩辜鸿铭的博学多闻，邀他每日提供专稿，月薪 350 银圆——可谓是高薪了。鲁迅 1927 年在中山大学任教授时，月薪也不过 280 银圆。

辜鸿铭欣然命笔，文采斐然，让《京报》大放光彩。辜鸿铭最开始只批判欧美列强，陈友仁并无异议。渐渐地，辜鸿铭按捺不住对民国的不满，开始对共和制度大加批判，出言不逊，而陈友仁是坚决反对帝制，拥护共和的。二人皆心地赤诚，热爱自己的国家，可志不同道不合，很快便闹翻，辜鸿铭又丢了工作。

凭借做翻译和写文章的积蓄，辜鸿铭倒不至于忍饥受饿，只是这忙碌过后忽而赋闲的滋味，着实难耐。辜鸿铭闲得手痒，主动请缨，要给《北京每日新闻》写专稿，却不收稿酬。如此怪事当然有附加条件，那就是他写什么，报纸就要一字不差地登什么，真是书生意气。

有了辜鸿铭免费供稿，报纸销量陡增。然而辜鸿铭却在短时间内连撰三稿鼓吹纳妾制度，引得舆论和教会纷纷抨击。主编请他不要再写这类文章，辜鸿铭大为光火：“你嚷嚷什么，要不是我，你的报纸能有今天吗？不敢娶小老婆的男人都没种！”

可以想象，这次合作又不欢而散。

博学多才的辜鸿铭继续闲散的生活时，欧洲却爆发了惊天动地的大战。

1914 年 7 月 28 日，奥匈帝国向塞尔维亚宣战，第一次世界大战正式爆发。

紧接着，德、俄、法、英参战，日本也向德国宣战，出兵占领它垂涎已久的山东半岛。整个欧洲分成两大集团：同盟国，由德奥意三国组成；协约国，由英法俄三国组成。很快，同盟国的意大利倒戈，美国也加入协约国，而土耳其、保加利亚则加盟同盟国，战火燃遍欧、亚、非三洲。

战争机器，只以欲望为原动力，以鲜血的燃料。一旦运转起来，它肆虐的铁齿会不断地吞噬、再吞噬，在因过度的贪婪暴虐而报废前，它不会停下来。

备受辜鸿铭鄙视的欧洲人，终于脱下文明的外衣，抄着先进的武器，野蛮地掐起架来。

辜鸿铭每天都要读各种语言的报纸，以便掌握这场前所未有之大战的动态。他偶尔还去北京大学上几节课，在英文、拉丁文、希腊文方面给学生做些指导。

这次，辜鸿铭对欧洲文明彻底失望。过去，他曾下过如此结论：“一种道德价值的美好之真意味，用旧中国的文明联结于一种理解与阐释现代欧洲文明扩张进步理念的心向。”现在，他从心底否定了自己的结论，并言："作为一种道德力量，基督教已经无效。"

能拯救西方于水火的，只有中国的古老文化——儒家学说。无形的战火，灼烧着辜鸿铭的济世之心，辗转难眠时，他便正襟危坐于灯下，提笔疾书。他眼中的中国文化，心中的先贤古圣，通通化为笔下千言、警世良方。

1915年，辜鸿铭的英文著作《春秋大义》出版，英文直译为《中国人的精神》。这本书由一系列英文论文结集而成，将东西方文化做了详细比较。辜鸿铭把中国人同美国人、英国人、德国人、法国人进行对比，认为中国人身上兼具四种美德：精深、博大、淳朴和优雅。至于如何解决西方社会存在的问题，还需用儒家文化。

正是这本书，让辜鸿铭在西方的声誉，达到了一个东方人所能达到的巅峰。后来李大钊有言："愚以为中国二千五百余年文化所钟出一辜鸿铭先生，已足以扬眉吐气于二十世纪之世界。"

辜鸿铭在开篇序言中写到全书的要义："本书的目的，是去尝试解释中国文明的精神并揭示其价值。在我看来，如今要想评估一个文明的价值，我们最应关注的问题不是其所建造的或能建造的城市是如何宏伟，建筑是如何华丽，道路是如何通达；不是其所制造或能制造的家具是如何典雅舒适，仪器、工具或者设备是如何巧妙实用；甚至也与其创造的制度、艺术和科学无关：为了评估一个文明的价值，我们应该探求的问题是人性类型，也即这种文明产生了什么类型的男人和女人。事实上，男人和女人——人的类型——是文明的产物，正是它揭示了文明的本质和个性，可以说，揭示了文明的灵魂。"

辜鸿铭在引言“好公民的宗教”中对战争与文明进行反思：“目前的大战吸引了整个世界的注意，人们不再关心其他事情。但是我认为，这场战争自身应该使那些认真思考的人把他们的注意力转移到文明这个大问题上来。所有的文明都始于对自然的征服，比如通过征服和控制自然中令人恐怖的物质力量，使得它们不能有害于人类。今天，现代欧洲文明已经连续成功地征服了自然，而且必须承认，至今没有任何其他文明能够达到这一点。但是，在这个世界中，还有一种比自然中恐怖的物质力量更为可怕的力量，那就是人心中的激情。自然的物质力量能够给人类带来的伤害，远远比不上人类的激情给人带来的伤害。因此，在这种可怕的力量即人类的激情能够得到正确地调节和控制之前，显然是不可能有什么文明的，甚至连人类的生命可能性都没有。”

他认为任何外国人都无法彻底理解中国人——因为他们是外国人。他称：“实际上，为了理解真正的中国人和中国文明，你必须具备精深、博大和淳朴的特性。因为中国人的性格和中国文明的三个特征就是：精深、博大和淳朴。”

在理解中国文化方面，辜鸿铭最看好法国人。美国人“博大、淳朴，但不精深”；英国人“精深、淳朴，但不博大”；“德国人，特别是受过教育的德国人，精深、博大，但不淳朴”。然而法国人不同，“法国人没有德国人天性的精深，没有美国人心灵的博大，没有英国人心灵的淳朴——但是法国人，一般来说，拥有一种远胜于以上提到的各国人的思想品质——这种思想品质，比别的任何东西更有助于理解真正的中国人和中国文明；这种思想品质就是优雅。因为，除了前面提到的真正的中国人和中国文明的三个特征，我还要加上另外一个，也是主要的特征，即优雅；在很大程度上说，除了古希腊及其文明以外，很难在别的地方再找到这种优雅。”

故此，“如果学习中国文明，美国人将变得精深；英国人将变得博大；德国人将变得淳朴；所有的人，美国人、英国人和德国人，按我的愚见，通过学习中国文明，学习中国的著作和文学，一般都将获得一种心灵品质，即优雅。最后，法国人通过学习中国文明，将得到所有——精深、博大和淳朴，以及比其现在更精致的优雅。”

辜鸿铭还在书中写到了学习中国语言步骤的概述，是三十年前他从欧洲回来时，下决心开始精研祖国文明的时候为自己制订的。他希望外国人都学一学汉语，因为这是“心灵的语言”，会让人获得真正的智慧。

战争与出路

在《春秋大义》的最后，辜鸿铭附了一篇名为《战争与出路》的文章，其中的内容令许多欧洲人惊叹不已。辜鸿铭坦言：“谈论现实时政是危险的，但我仍打算这么做，因为这可以证明中国文明的价值，我想说明的是，学习中国文明如何有助于解决当今世界面临的问题——拯救欧洲文明免于崩溃。事实上，我想表明的是，学习中国语言、中国著作和中国文学不仅仅是汉学家的爱好。”

在这篇文章中，辜鸿铭尝试揭示导致这场战争的道德因素：“战争的道德因素，是英国的暴民崇拜和德国的强权崇拜……我认为正是英国的暴民崇拜，导致了德国的强权崇拜；事实上，整个欧洲，尤其是英国的暴民崇拜，导致了现在人人痛恨谴责的、残暴的德国军国主义。”

辜鸿铭还称：“德国的道德水准，他们对正义的热爱，以及随之而来的对非正义同等憎恨，对所有混乱和无序的憎恨，使德国人信任并崇拜强权。任何热爱正义、憎恨非正义的人，都倾向于信任和崇拜强权。比如苏格兰人卡莱尔就信任和崇拜强权。为何？因为卡莱尔具有德国人的道德水准，憎恨非正义。之所以说英国的暴民崇拜导致了德国的强权崇拜，正是因为道德水准——德国对非正义、混乱和无序的憎恨导致他们憎恨英国的暴民、暴民崇拜和暴民崇拜者。当德国人看到英国的暴民、暴民崇拜的政客如何发动非洲布尔战争时，他们天生的对英国的暴民、暴民崇拜和暴民崇拜者的痛恨，使德国甘愿做出重大牺牲，整个德国甘愿以挨饿来建立海军去镇压英国的暴民、暴民崇拜和暴民崇拜者。

“事实上，德国发现自己在欧洲被英国怂恿的暴民、暴民崇拜和暴民崇拜者四面包围，这使得德国更加相信强权，使德国把崇拜强权作为拯救人类的唯一手段。因此，如果英国，所有的欧洲国家以及美国人民想要制止德国军国主义——他们必须首先制止本国的暴民、暴民崇拜者和暴民崇拜信仰。对于欧洲和美国，也包括日本和中国，今日谈论和向往自由的人们，获得自由——真正的自由的唯一方法，就是循规蹈矩，是学习正确地循规蹈矩。”

辜鸿铭还提到革命前的中国：“那时中国人民有更多的自由——没有牧师，没有警察，没有地税，没有所得税烦扰他们——中国人比世界上别的地方的人有更多的自由；为何？因为在这次革命前，中国人循规蹈矩；知道如何循规蹈矩；知道如何循规蹈矩做个好公民。但是革命以后——中国的自由少了，为何？因为现代盲目的、新潮的中国人、留学欧美的归国学生——从上海的欧洲暴民那里学到如何行为不拘；不做好公民，而是当暴民——被英国外交官和北京的英国海关检察长怂恿、纵容和崇拜的暴民。如果欧洲人、英国人想要制止德国军国主义、普鲁士军国主义，他们就必须把本国的暴民管理好；他们应使本国的暴民正确地循规蹈矩；事实上，他们必须制止本国的暴民崇拜信仰和暴民崇拜者。”

在辜鸿铭看来，跟博大精深的儒家文化相比，欧洲的文明好似黄口小儿。最重要的是：“欧洲人在学校所学，一则曰知识；再则曰知识，三则曰知识，中国人在学校所学者，为君子之道，三岁小儿已开始闻圣人之道。因此，伟大的中国文化才数千年不坠。”

而战争的出路是：“我们如果要消灭战争，就要先消灭武力崇拜和群众崇拜。我们也不要图谋利益，只要维持正义。我们要有勇气，不要怯懦。才可以打倒武力。我们大家都以为德国民族是现在世界危险的敌人，其实现在世界最大的仇敌是自私和怯懦。因为自私和怯懦造成了现代的拜金主义——商业主义。

“现在世界各国的商业主义，尤其是英美两国，就是世界最确实的仇敌。所以战争的原因不是军国主义只是商业主义。所以如果要消灭战争，就要消灭商业主义的精神。中国文明的神秘就是有了一种良民的宗教，崇信正义，以正义消灭暴力。而不能以暴易暴。正义能够消灭世上一切罪恶，这就是中国文明神秘的灵魂，又是中国民族精神的元素。”

辜鸿铭的字里行间，燃烧着理想主义的热情。他渴望点燃脱去文明外衣之人心中的圣洁之火，又渴望化成一块巨冰，冷却吞噬大地的邪火。

此书一出版，便在战火纷飞的西方世界引起巨大反响。人们的生活被战争灼烧着，忽而有了这样一部冷静而睿智的书，让他们看见了一丝和平的影子，却又太过缥缈无从捕捉。

很快，《春秋大义》的德文版出版，定名为《中国的精神与战争的出路》，连同卫礼贤译的《为中国反对欧洲的观念而辩护：批判论文》在德国引起巨大反响。

渴望和平的德国民众读起这部书来，只觉清风拂面，欲罢不能。

辜鸿铭的著作占据了德国各个书店，卫礼贤译的德文版《论语》《易经》《道德经》等与之相互辉映，照耀着德国人阴霾密布的天空。

1920年时，沈来秋到德国，接触了许多阶层的人士，“出乎我意料的是，辜鸿铭的名字流传于人口”，“这一时期，德国人士认为，可以代表东方文化的有两个人，除了辜鸿铭之外，便是印度的泰戈尔。泰戈尔只是一个诗人，而辜鸿铭除了是哲学家、文学家之外，还是一个政论家。”

另一位留学生蒯銮谈到留德六七年印象最深的两件事，竟都与辜鸿铭有关：德国哥廷根大学哲学教授奈尔逊对辜鸿铭极为敬仰，当得知辜鸿铭生活困难时，竟要为其募捐筹款；有一位教授甚至宣布，学生中若不懂辜鸿铭的书，则不准参加有关讨论。要为辜鸿铭筹款的奈尔逊教授曾著文说：“我读辜鸿铭的书，至今已十几次了，多读一次，即更有所得一次。并世同辈中，吾所佩服者当以辜鸿铭为第一。”

辜鸿铭在西方的声望，要比在中国隆重得多。中国人大多笑他怪，而西方学者却对他无比尊敬，《春秋大义》出版后更是如此。

法国文豪罗曼·罗兰说:“辜鸿铭在欧洲是很著名的。”

丹麦著名文学批评家勃兰兑斯在《辜鸿铭论》中称他为“现代中国最重要的作家”。

以纯粹中国人之姿态，又对洋人骂不绝口，却在西方获得如此盛誉，辜鸿铭实乃空前绝后第一人。

“庆死”办堂会

“堂会”一词，词典中的释义为:“旧时家里有喜庆事邀请艺人来举行的演出会。”所谓喜庆事，大体是过寿庆生、喜结连理之类，请来戏班，摆流水席，热热闹闹唱上几天。辜鸿铭也曾办过堂会，不是庆生，而是为他最讨厌的人“庆死”。

袁世凯将辛亥革命的果实收入囊中，在根深蒂固的北京做起了大总统，心里仍不满足。他做过臣子，见识过高居帝位的皇上是多么风光无限——虽有无奈之处，但大体还是极其风光的。

野心膨胀的袁世凯，在1914年1月下令解散国会，5月1日公布《中华民国约法》，同时废除孙中山颁布的《临时约法》。新约法改责任内阁制为总统制，扩大总统权限。6月，袁世凯成立所谓的参政院，修改《总统选举法》规定总统可以无限期连任，成了终身制总统。至此，袁世凯手中大权与皇帝无二。更甚的是，袁世凯还指定爱子袁克定作为总统继承人，如同立太子一般。

早在1913年，袁世凯便发布《尊孔令》，以儒家之道为幌，来束缚追求自由的民众。次年9月又颁发《祭孔令》，并进行中华民国首次“官祭孔子”活动。

1915年，在袁世凯的授意下，杨度、孙毓筠、严复、刘师培、李燮和、胡瑛等6人组成“筹安会”，支持袁世凯复辟，宣扬民心思君，表达“民意”。

为了使自己的身世更加传奇，袁世凯还认了一个广东祖宗——明朝名将袁崇焕。其时有人名濮伯欣，作《新华打油诗》（袁世凯踞新华宫称帝）一套，其中之一便是讽刺袁世凯认祖宗：“华胄遥遥不可踪，督师威望溯辽东。糊涂最是张沧海，乱替人家认祖宗。”其中的“张沧海”指的是策划“认祖”的张伯桢。

1915年2月21日，北京《亚细亚日报》的《京尘见闻录》说，袁世凯乃袁崇焕后裔，袁崇焕的弟弟崇煜是其七世祖，袁崇焕遇害后迁至河南云云。

《亚细亚日报》是袁世凯的御用报纸，传达的自然都是“圣意”。

袁世凯荒唐的复辟戏码，在一片鼓吹中开锣了。全国各地的请愿书、电报雪花般纷至沓来，恳请袁世凯顺从“民意”，恢复帝制，

1915年12月，国民代表大会召开，几乎全票通过了君主立宪制。袁世凯只好谦虚地顺应“民意”，称自己虽微不足道，却对人民意志负有义不容辞的责任。

袁世凯效仿古代帝王，玩起推让三次的把戏。参议院“恭戴今大总统袁世凯为中华帝国皇帝”，以“国民代表大会总代表”的名义上书“劝进”。袁世凯当天便假惺惺地将劝进书退回，并说：“今若帝制自为，则是背弃誓词，此于信义无可自解者也。”

参政院再次开会决定“再劝进”，短短15分钟内便“草成”长达2000余字的推戴书，当晚进呈。袁世凯急不可耐，连第三次也等不及，次日一早便发布命令，承接帝位。

12月13日，袁世凯接受百官朝贺，大加封赏，同时下令查禁反对帝制的活动。

22日，冬至，袁世凯正式恢复天坛祭天的大典——这是只有皇帝才配举行的仪式。31日，袁世凯下令明年改为“中华帝国洪宪元年”，正式完成了他的复辟闹剧。敢如此冒天下之大不韪，也算“勇气可嘉”了。

1916年1月1日，袁世凯头戴冕旒，身披龙衮，成了“中华帝国”的皇帝。坐拥天下的美梦才刚刚开始，各地方的封疆大吏就以其人之道还治其人之身，纷纷背叛了他。他终于尝到了众叛亲离的滋味，做了83天皇帝后，不得已在3月22日宣布取消帝制。但他很会为自己着想，又做起了大总统，声称受民意蒙骗，愿以余生维持共和制度。

5月下旬，皇帝梦破碎的袁世凯忧愤成疾。6月6日，因尿毒症不治而亡，时年57岁。袁世凯谢世之日，曾亲笔书写一句话置于书案之上：“为日本去一大敌，看中国再造共和。”荒唐的闹剧，随着袁世凯的谢世落幕。

袁世凯在遗嘱中说“余之死骸勿付国葬，由袁家自行料理”，但是继任者黎元洪还是为他举行了国葬。

袁世凯复辟期间，辜鸿铭日夜都在生气。这些遗老们虽忠君体国，支持帝制，但无法容忍袁世凯称帝——他们是大清王朝的臣子，眼见袁世凯称帝，痛彻心扉之程度不亚于最坚定的革命党人。

袁世凯一死，辜鸿铭开心极了，这个“贱种”怎配做皇帝？早就该死了。当时全国举哀三日，禁止一切娱乐活动，辜鸿铭则不屑一顾。听到袁世凯的死讯后，他立马着人去请戏班，满脸喜色地在府中办起堂会，还邀来数十名中外友人与他同乐。众人欢聚一堂，锣鼓喧天，热闹非凡。此时离辜鸿铭的60大寿还有一个多月，他还没庆生，便忙着为袁世凯“庆死”了。

值班的警察听闻此处居然鼓乐齐天，不禁相顾愕然。辜鸿铭与众友人正其乐融融至畅快处，忽闻大门惊天一声响，一班警察竟破门而入。众人顿时鸦雀无声，戏台上的“帝王将相”们也偃旗息鼓，浑身战栗，惶恐地望着辜鸿铭。

辜鸿铭正摇头晃脑听得开心，身后的辫子也跟着晃荡。见戏班做此状，便发问：“怎么不唱啦？别停呀！”

警察见辜鸿铭俨然就是家长，便将黑洞洞的枪口对准了他，喝道：“你这老头竟敢如此大胆，全国上下为大总统举哀三日，难道你不知吗？”

辜鸿铭不屑地扫视一圈这班警察，破口大骂道：“瞎了你们的狗眼！都给我滚出去，老子还要赏戏呢！不就死了个小人袁世凯嘛，一个死人凭什么耽误我辜鸿铭这个大活人开心？今天我高兴，不跟你们计较，否则非把你们打出去不可，快滚！”

又发妙语道：“我只知道总统为仆人，国民为主人，公仆死了，关主人屁事？”

警察仔细一看，这个言辞犀利、前朝打扮的混血老头，可不就是天不怕地不怕的辜鸿铭吗？再看在座的诸位，半数是高鼻梁深眼窝的洋人。警察面面相觑，窃窃私语一番，赶紧收起枪开溜。回到警察局，他们打电话向警察厅总监吴炳湘报告。吴炳湘的头顿时为之一大，道：“由他去吧，得罪了他，咱们非被骂死不可。还有些洋人？千万别伤了人家，小心闹出大事来。”

警察们见总监都如此无奈，便尽量无视辜鸿铭。整个北京城一片肃穆，唯独辜鸿铭府上欢天喜地，老远就能听见，足足热闹了三天。禁令一过，辜鸿铭那里便清静下来——三天已够，再热闹下去他就得喝西北风去了。

如此一番为袁世凯“庆死”，辜鸿铭终于出了一口恶气。不过他对袁世凯的厌恶可是无穷无尽的，连思念爱妾蓉子的时候，都比不上骂袁世凯的多。如此看来，恨意或许要比爱意来得更刻骨持久些吧？

王朝旧梦还

袁世凯的复辟闹剧，为北京城内的王公贵族们送来一阵春风。沐浴着春风，他们纷纷复活，暗中活动起来。在他们看来，拥戴帝制的百姓还是不少的，不过他们大多只愿拥戴宣统皇帝，而不是袁世凯这个“乱臣贼子”。这次的复辟之风，肯定会将百姓心中渴望有君王坐镇的情绪浪潮带起来，只要借浪而行，一切自然水到渠成。

袁世凯的继任者黎元洪平衡不了内部的政治力量，更压制不住各地的军事集团。一时间各路诸侯粉墨登场，纷纷趁乱捞金。

苦于手中无兵马的前朝忠臣们，终于找到了可以依赖的对象——张勋，人称“辫帅”。张勋驻扎在徐州，是坚定的复辟分子，从他脑后的辫子就可知一二。他毫不隐瞒自己的想法，坚决忠于大清王朝，还严格要求他的士兵们不许剪掉辫子。这样的一支辫子军被张勋牢牢掌握着，是兵荒马乱之际强有力的战争机器。如今袁世凯死了，张勋不必再效忠于他，只需一心忠于大清王朝。

1916 年至 1917 年，张勋先后 4 次在徐州道衙门大堂内召开督军会议，被推举为 13 省区大盟主。1916 年 8 月 27 日，康有为应邀至徐州，在道台衙门住了半年左右。坚定的保皇党人康有为在徐州黉庙（今二中文庙）大肆祭孔，以张勋的名义发表请定孔教为国教的电稿，为即将到来的复辟进行舆论宣传。

此次复辟活动的策划，日本人也参与其中。日本首相寺内正毅指派日本军部参谋次长田中义一和黑龙会成员，以及日军驻天津司令石光真臣等来到徐州，同与张勋密谈复辟计划。张勋复辟的策源地——徐州道台衙门，一时冠盖云集，风云齐聚。

黎元洪继任后，在教育方面颇为开明，任命蔡元培为北京大学校长，陈独秀、李大钊、胡适等精英云集北大。后来有报道称："北京政府有这个度量把全国最好的大学交到国民党人蔡元培手里，在北洋时代，没有谁比黎元洪当政时表现得更为开明与从容。"

而在政治方面，黎元洪却一直处于焦头烂额的状态。

段祺瑞从心底看不起黎元洪，认为自己是黎元洪得以继任总统的恩人。段祺瑞甚至将黎元洪的信件直接送到国务院拆封，而国务院秘书长徐树铮正是他的心腹。还有一次，黎元洪查看徐树铮送来的公文，内容是山西省变动 3 名厅长，黎元洪询问原因，谁知徐树铮竟不耐烦地说："总统但在后页年月上盖印，何必管前面是何事情！"

1917 年，段祺瑞绕开总统黎元洪，与日本签订军事借款，此事曝光后舆论哗然。黎元洪趁此千载难逢之机，将段祺瑞罢免。徐树铮联合北洋督军准备在天津建立临时政府，打算搞垮黎元洪，再拥段祺瑞上台。黎元洪苦于没有兵权，病急乱投医，急召张勋入京，调解争端。

这可正中张勋下怀。张勋以解散国会为条件，如愿以偿后率辫军 3000 人北上，驻天津虎视北京，后于 6 月 14 日入京。

张勋命人将京津临时警备总司令王士珍、副司令江朝宗和陈光远，以及京师警察厅总监吴炳湘“请”来。他气定神闲地扫视众人，忽然道：“本帅此番入京，非为调解黎段争端而来，而是为了还天下于圣上，光复我大清河山。”

王、江、陈、吴四人目瞪口呆，面面相觑。

张勋接着道：“我已进宫面圣，明晨便奏请皇上复位。”

见几人眼珠乱转说不出话来，张勋厉声问道：“诸位尊意如何？若没有异议，咱们便同做大清臣子，我不会难为你们。要是有异议，就请各就各位，咱们较量一番。”

四人哪敢与张勋较量，皆不作声，默认了张勋的做法。

接着，张勋顶戴花翎、朝服官靴地穿戴齐整，带领康有为等人乘车从东华门入宫，觐见宣统皇帝。

久困于数重宫墙内的宣统帝溥仪正和太傅梁鼎芬等说话，一位太监匆匆来报：“万岁爷，前两江总督张勋求见，正在门外候旨呢。”

年幼的溥仪心生疑窦，又与梁鼎芬等谈了几句，才宣张勋进来。

张勋终于见到了日思夜想的皇帝，恭恭敬敬地行三跪九叩之礼，口中说道：“臣张勋恭请皇上圣安！”

溥仪叫他平身，张勋随即恭立一旁。

溥仪道：“听闻百姓过得不好，天灾人祸并至，朕不常出宫，你这一路上有何见闻？”

张勋涕泪横流，回答道：“皇上圣明。自改共和以来，民生凋敝，匪祸横行，国势飘摇。然众臣不敢渝忠心，百姓无不思君念君，望皇上怜悯天下苍生，复亲大政，以救中国。”

溥仪心中一惊，道：“朕年纪尚幼，恐不能担此大任。”

张勋顿足捶胸地苦谏一番，溥仪不禁心有所动，道：“爱卿适所语，不必告王爷（醇贤亲王载沣），王爷胆小。”

张勋躬身而退，惊叹不已。皇上虽只有12岁，然而天子气派毕露，谈吐之间深谋远虑可见一斑。张勋一番感慨，更加坚定了拥溥仪重登皇位的决心。

清朝的遗老遗少们望穿秋水，终于等来复辟成功。张勋放出消息，各地复辟人士闻风而动，齐聚天子脚下，其中自然少不了身在北京、欢天喜地的辜鸿铭。除辜鸿铭和太傅梁鼎芬外，张之洞手下的另外两位重要幕僚沈增植、梁敦彦也来了。

此中以梁鼎芬尤为热心。这位帝师一心念着恢复清王朝，曾恳求黎元洪脱离民国，失败后还跪到清西陵已故的光绪帝墓前大哭一场。

梁敦彦和辜鸿铭得以列名复辟，多亏沈增植的推荐。沈曾植一到京城，就致书张勋的得力干将刘廷琛，极力推荐梁敦彦、辜鸿铭：“外交自以梁崧生为最妥，而辜鸿铭佑之，万一外交团有以复古为疑者，非此君不能与讲解也。”

张勋刚到北京时，即暗地里委梁敦彦以重任——探询各国领事口风。见洋人并无异意，张勋更加胸有成竹，以为万事俱备，万没想到一切都是场空梦。

张勋同各方议定后，于7月1日率遗臣数十人入宫，奏请溥仪复位。

年仅12岁的溥仪坐定皇座，经历了第二次登基。众臣匍匐于天子脚下，三跪九叩，山呼万岁，满腔热血——清朝的天下似乎真的回来了。

溥仪对有功之臣大加封赏，梁敦彦为外务部尚书，辜鸿铭则做了外务部次长。

绕眼云烟散

7月1日后，旧王朝归来了，长辫再度流行，扬眉吐气。北京城的老少爷们又拖起了辫子——大半都是假的，让卖假辫的人大发其财。虽然皇上说民众辫子留否不加干预，但升斗小民们还是觉得，买个假辫子拖着更安心一点，更何况新封的“忠勇亲王”、大权在握的张勋极喜欢辫子。

张勋用人有一条标准，那就是必须有辫子。故此，很多趋炎附势之人特意拖着假辫子，或者将妻妾的头发剪下做根辫子，打扮好了去见张勋。更甚者，还会穿着从梨园借来的戏服冒充官服，期望能谋个一官半职。那些回乡归隐的老臣们，听闻皇上东山再起，忙不迭赶赴北京恭请圣安，东站西站人满为患，“必载有鸡皮鹤发之名利客，前门西河沿、打磨厂一带之旅馆，无一闲席”。

还有不少重新获封的外省官员，成天在家里练习跪拜——久不下跪，姿态已然生疏了。

辜鸿铭看着满街的长辫，颇有感慨。他的可是货真价实，无须抢购假辫子便可走在潮流最前端。不过辜鸿铭倒觉得这样有些可惜，如今拖辫子的人如此多，显不出他那条的珍贵与特别，本来出众的气质被大大拉低到了平均水平。殊不知，他的担心纯属多余，很快他的气质便会再次“突出”。

外务部次长辜鸿铭，奉命前往江浙一带，为张勋的复辟活动阐述苦衷，博得舆论支持。辜鸿铭生平最大特长全在一张嘴上，欣然领命，兴奋地收拾行囊南下。刚到天津，就听说被黎元洪驱逐在外的段祺瑞已组织“讨逆军”，自任总司令，兴师讨伐张勋，大有十八路诸侯共讨董卓的气势。

好不容易得到重用，却遇见了这档子事，辜鸿铭叫苦不迭。他只是一介书生，哪里经过这等大风大浪，急忙逃到租界的旅馆躲了起来，不敢露头。没过多久，辜鸿铭听到消息说，段祺瑞准备派人照会外国领事捉拿自己，他惊惧不已，换上便服，马不停蹄逃回了北京。

张勋得知辜鸿铭回来了，便问他事情办得如何。辜鸿铭据实相告，张勋气得大骂：“你有负委托，何面目见我耶！”

辜鸿铭顿首道：“鸿铭该死，乞大帅宽恕。”

张勋怒气冲冲地说：“你辜负圣上鸿恩，从今以后，我不呼你为辜鸿铭，老实些呼你为辜鸿恩算了。”

辜鸿铭自知有愧，不敢辩解，着实郁闷了一阵子。不待他从愧疚中缓过神来，经历了短暂黎明的满清王朝便再次迎来了黄昏。

段祺瑞宣布张勋“勋乱民国，复辟帝制”，誓要讨伐张勋。他发布了一篇由梁启超执笔的讨逆檄文，文中痛斥张勋及其部下，为讨伐行动造足了舆论攻势。

有记者乘势去采访张勋：“这么多人来讨伐你，你还战否？”

张勋将胸脯拍得震天响：“至死力战。”

记者又问：“如若战败，向他处去否？”

张勋坚决地道：“断不他往！”

很多重要人物前去劝张勋，尽量不要搞正面冲突，若能暂离北京更好。张勋却慨然道：“唯有一死而已。”

7月3日，段祺瑞开始进攻北京。岂料陆军久攻不下，段祺瑞欲速战速决，便派出他的最新武器——飞机。这架飞机携带炸弹三枚，奉命轰炸紫禁城。第一枚炸弹炸伤了一名太监和几只小狗；第二枚落进了一口大缸，只把缸炸了个粉碎；第三枚则投到了皇宫的消防水缸里，浸湿后没有爆炸。

张勋的一帮辫子军以为触怒了天意，狼狈溃散，四处钻逃。年幼的溥仪被吓傻了，连连派人告饶："请飞机不要再进城，朕不做皇帝了还不行吗？"

段祺瑞还派出另一架飞机轰炸了张勋的住宅，虽然只炸了鱼池和屋檐，却足以将他吓得忘掉"唯有一死"、"断不他往"的誓言。张勋火速打电话到荷兰使馆，请求领事派轿车来，他要求"政治避难"。至于溥仪给他封的"忠勇亲王"尊贵帽子，是再也戴不起来了。

7月12日，一场奇特的复辟活动落下帷幕，张勋、康有为等复辟诸公也成了被通缉的对象。

孙中山对这场复辟评价道："清室逊位，本因时势。张勋强求复辟，亦属愚忠，叛国之罪当诛，恋主之情自可悯。文对于真复辟者，虽以为敌，未尝不敬之也。"言下之意，倒对复辟诸公有几分敬佩。大概在孙中山眼里，热衷复辟的老顽固们，要比袁世凯之流强上无数倍吧！

1918年，民国政府下令免予通缉洪宪、丁巳复辟案中诸人，辜鸿铭也跟着松了口气，继续过着漫无边际的迷茫生活。复辟的风潮过去了，共和依旧不顺。湖南护法战争总司令程潜说过："今天的中国，不是复辟与共和之分，而是真共和与假共和之争。今天真复辟者少，假共和者多。"真真假假，辜鸿铭皆不在乎，他还是觉得帝制最好。

1920年，张勋66岁寿辰。辜鸿铭特作对联一副为贺，派人送到张勋府上。张勋命人将对联展开来，只见上面写的是："荷尽已无擎雨盖，菊残犹有傲霜枝。"

辜鸿铭的字是公认的丑，歪歪扭扭不说，还经常缺笔少画。可张勋却看得热泪盈眶，怅然若失。辜鸿铭的意思是，如今大清王朝不复，王公大臣没落，他们头上的官帽"擎雨盖"也随之消失。虽然世风日下，遗臣凋零，气象可哀，但还有你我二人的辫子在，如傲霜枝般傲立霜中，不逐流俗。

经历了两次闹闹哄哄的复辟，辜鸿铭的心更冷更静了。他尽量不去想政治，只钻研先贤文化，以此继续寻梦。午夜梦回之时，抚摸着自己的"傲霜枝"，千言万语化为深深一叹。旧梦乍现后，散去不复还，可辜鸿铭依旧要骄傲潇洒地活着——除此之外又能如何呢？

天下谁人不知君

旧都逍遥客

鲁迅在《自嘲》一诗中说：躲进小楼成一统，管他冬夏与春秋。对时局心灰意冷后的辜鸿铭，过的正是这样的生活。四平八稳，不痛不痒，悠然中带着一丝彷徨。

东四南大街与王府井大街之间有一椿树胡同，离东口不远，路南有一小独院，门牌号是：18号，此处便是辜鸿铭安然栖身之所。

辜鸿铭漂泊半生，辗转过半个地球，几度风光几度落魄，也该安享晚年了。别人嫌他迂腐落伍，辜鸿铭干脆自己取了个“冬烘先生”的外号，冬烘即为迂腐之意。任凭他人嬉笑怒骂，辜鸿铭依旧我行我素，鄙视流俗，安然做他的“冬烘先生”。

椿树胡同在朝阳门内，离紫禁城不远。辜鸿铭在此处购置房产，便是看中它既清净，又能体味皇城未散尽的昔日荣光。

将心息于篱下，却又时常有无所适从之感。周围日新月异，他似乎已与社会格格不入了。

辜鸿铭只好将心深藏于古老文明的辉煌之中，那种强大、威严让他醉心不已，他一边以传播圣贤典籍为己任，一边津津乐道于文化的残渣：纳妾，缠足，青楼……

辜鸿铭栖居的小院清幽雅致。进门处是个小花园，栽植着奇花异草。春天一到，草木葱茏，满园生机。园内还有一株数丈高的香椿树，孑然耸立，清高遗世，恰如这棵树的主人。盛夏时主人常在树下乘凉，嗅着淡淡的香椿味，恍恍惚惚小憩片刻，梦回前朝繁华盛景。

想他学遍西洋，博闻强识，寒居幕府20年，督办浚浦局，又获赏进士。皇上走了又回，回了又走，他的外务部次长也只做了12天，唯一的差事还办砸了。他已盛年不复，满腔热血似乎成了冬日的一壶温茶。

树香茶香，不如古书的寒香。“冬烘先生”辜鸿铭的小院生活中，最大的爱好依旧是看书。他实在不太喜欢现在这个世道，不如埋头于古时中国，那时才是真正的礼仪之邦。看书累了，他便到园中抻抻胳膊蹬蹬腿，心想：不知皇上在做什么？想来皇上也该看这些书的吧！

辜鸿铭已年逾六旬，仍神采奕奕，走起路来虎虎生风。他是混血，上了年纪后消瘦了些，眼窝便更加深了，高挺的鼻子也更加瞩目。颏下几绺长须已经花白，脑后的辫子也灰里泛着黄。辜鸿铭依旧十分宝贝自己的辫子，虽已稀疏了，装点起来依旧好看。他将红色丝线夹在发中，编好之后十分光彩夺目——尤其是在满街平头、中分的情景下。

辜鸿铭着装方面依旧一丝不苟。他时常戴一顶瓜皮小帽，红色结黑缎的，有时嵌着一颗祖母绿。一袭枣红宁绸的长袍，外套大袖马褂，有时天青有时樟缎，袖子磨得油亮，光可鉴人。他曾在《春秋大义》里称："中国人有不洁之癖，因此中国人只注重精神而不注重物质。"

辜鸿铭常与人高谈阔论男人如何女人如何，俨然一个男权主义者，其实他是很怕老婆的。他从没想隐藏这一点，反而有些骄傲。惧内，乃中华家庭文明之一部分，没有什么好羞耻的。对此，辜鸿铭自有一番高论："不怕老婆，那还有王法吗？"

辜鸿铭的日子过得紧巴巴，偏又生得一副菩萨心肠，碰到叫花子上门乞讨，总忍不住施舍几个小钱。有的人就是这样奇怪，不惧权贵，骂人骂世，却非常同情弱者。有一次，辜鸿铭正给叫花子递钱，叫淑姑撞了个正着。淑姑脾气也大，将辜鸿铭臭骂一顿，还以碗砸他的头。

辜鸿铭本性难移，但谨慎了许多。此后再有乞讨者上门，辜鸿铭便甩着辫子，迈开两条细长的腿冲将出来，飞速留下几枚钱币。而后不做丝毫停留，转身飞速进门，不落形迹，迅捷如江湖高手。淑姑也练就独门绝技，专抓辜鸿铭的善行，如果又叫她逮住，免不了再次臭骂一顿："死老头子，败家子，自己都落魄了还惦记着接济别人？真以为自己是活菩萨了？"

辜鸿铭生平最爱斗嘴，却不与淑姑吵，小心翼翼赔着笑脸，转身又发善心去了。

除了儿子辜守庸，辜鸿铭还有两个女儿，是淑姑为他生的，分别叫作珍东和娜娃。两位小姐继承了父亲的头脑和 1/4 西洋血统，亭亭玉立冰雪聪明。她们也精通好几门外语，择偶条件高得离谱。

辜鸿铭有位弟子对珍东小姐十分倾慕，朝夕追求，珍东小姐却不为所动。小伙子急得开口问道：“我的大小姐，我要怎样做才能打动你呢？”

珍东小姐见他一头一脸的汗，不禁道：“我要是说了，你当真做得到？”

小伙子窃喜道：“那是当然，龙潭虎穴我也闯得。”

珍东小姐淡然答道：“其实很简单，只要你用中、英、法、德、意、日六种文字各写一封求爱信，其他的都好说。”

小伙子一听，险些跌坐在地。唉，还是死了这条心吧！此后的青年子弟“闻风丧胆”，再也不敢追求珍东小姐了。

娜娃小姐喜欢新潮的生活，与青年人聚会、写新式文章诗词、跳舞、打台球，辜鸿铭倒也不反对。这对高傲聪慧的姐妹花，在辜鸿铭的护翼下无忧无虑地生活着，一直未曾谈婚论嫁。

淑姑管得宽，连辜鸿铭发善心也要管，却不管他老来风流。所谓老夫聊发少年狂，辜鸿铭虽已是花甲老人，风流之心却不曾消减。手头有时宽裕些，便步伐轻快地光顾花街柳巷深处的温柔乡。由此，还为家里添加了人口。

某天，辜鸿铭来到青楼，听见鸨母正厉声训斥一个楚楚可怜的小姑娘，恻隐之心大动。

辜鸿铭仔细观看，发现这小姑娘是个十足的美人坯子，美目含泪，楚楚动人。再往下一瞧，居然有双标准的小脚！辜鸿铭不禁在心中欢呼一声，问小姑娘：“你可愿跟我走啊？”

小姑娘正愁身陷绝地，猛然抬头望向辜鸿铭。只见这男人上了些年纪，五官深邃，打扮传统，非但不似坏人而且有学者气质。小姑娘仿佛看见了救命稻草，忙不迭点头，眼睛频频望向鸨母。

最终，鸨母要了辜鸿铭五百大洋。

小姑娘终于离开藏污纳垢的勾栏院，如释重负，抬头偷瞧着这位恩公。辜鸿铭感受到她的楚楚目光，问道：“你叫什么名字？”

小姑娘怯生生说了一个名字。

她便是前文曾提到过的，伴辜鸿铭度过晚年的碧云霞。

椿树胡同的这所小院里，还有个特别的人——仆人刘二，兼着车夫。

刘二虎背熊腰，头顶一条同主人一样的、罕见的长辫子，一身粗布长袍外套马褂足蹬布鞋，也不知辜鸿铭如何在民国里找到这么一位人物。刘二憨厚老实，忠心耿耿，就像辜鸿铭的影子一般。

辜鸿铭常得意地笑着说：“刘二是我的影子。不过虽然和我装扮一样，可是我却有大乔小乔之好，刘二却是皮硝李（李莲英）的把式。”

辜鸿铭还会在东交民巷使馆区的六国饭店讲《春秋大义》，用英语，而且要售票。彼时中国人演讲向来没有售票的习惯——也不会有人买，可辜鸿铭不但售票，票价还不低，比“四大名旦”之首梅兰芳还要高。梅兰芳的戏票售价 1 元 2 角，辜鸿铭则开口就要 2 元。尽管如此，洋人却摩肩接踵前来“听骂”。

辜鸿铭带着一家人悠然居在椿树胡同 18 号，偶尔去北大上课，间或写几篇文章，累时便欣赏自己的新宠碧云霞。如此怡然，虽自称迂腐的“冬烘先生”，实际却是潇洒的旧都逍遥客。

远方的文友

大文豪托尔斯泰临逝前，有人称道其生平著述，托尔斯泰答言："此皆不足道。余以为最有价值者，复中国人某一书而已。"此一书，便是复给辜鸿铭的。

1906年3月，时任浚浦局督办的辜鸿铭将《尊王篇》连同他在《日本邮报》上发表的论文《当今，帝王们。请深思！论俄日战争道义上的原因》打包封好，寄往遥远的俄罗斯。在收件人一栏，他填道：致列夫·尼古拉耶维奇·托尔斯泰伯爵大人。

远在俄罗斯的托尔斯泰收到辜鸿铭的邮件后十分欣喜，8月时寄给辜鸿铭自己著作的英译本作为回赠，又于9、10月间给辜鸿铭写了一封篇幅很长的信：

亲爱的先生：

中国人的生活常将我的兴趣引到最高点。我曾竭力要知道我想要懂得的一切，尤其是中国人关于宗教的智慧的宝藏：孔子、老子、孟子的著作，还包括他们的评注。我也曾调查中国的佛教状况，并且我读过欧洲人关于中国的著作。

但是，最近以来，在欧洲——尤其是俄国——对于中国施行种种的横暴的举动之后，中国人民思想的普遍趋向，引起我的特别注意——它永远引起我的注意。

中国人民曾受到欧洲民族的贪婪的残暴、蛮横，和不道德的许多痛苦，直到现在，他们总拿着一种庄严的、有见识的"Stoicism"——宁愿忍受暴力，不愿反抗它——对付这一切的暴力。

这个伟大的中华民族的镇静和忍耐反使欧洲民族的傲慢增加了，这在那班过纯兽性生活的自私的人们那里可以看得到的——这个竟发生于中国人要对付的欧洲人身上。

中国人民过去及将来还要遭受的磨难确是重大，但是，正在这个时候，中国人民不应当把忍耐心失了，不应当把对于压迫者的态度改变了，俾不致自己使这个对于暴力的退让——不以恶报恶——所造成的伟大的结果濒于危险。

基督教徒说："那个能够忍受到底的人是唯一的幸福者。"我觉得这是已经确定的真理，虽则人们很难使自己相信它。不以恶报恶，不与恶合作，这就是自赎和战胜那些作恶的人们的最妥当的方法。

自从俄罗斯租借旅顺之后，中国人当曾看见这个法则很惊奇地被证实了。如果中国人想保守旅顺，拼命拿武力抵抗日本及俄国人，俄国也许在物质及精神方面不致有这样损害的结果。德国租借胶州湾，英国租借威海卫，将来一定也是同样的结果。

强盗们走好运，往往引起别的强盗的妒意，赃物成为争夺的目的物，结果会弄得两败俱伤。

我现在从你的书里知道好战的思想——想用武力把欧洲民族的横暴的举动打退——在中国醒觉了，我自己非常焦虑，就是这个缘故。

……

我相信在我们这个时代，人类的生活要起一种重大的变化，我并且相信在这个变化中，中国将领导着东方民族扮演重要的角色。

照我看起来，东方民族：中国人，波斯人，土耳其人，印度人，俄罗斯人，也许日本人——如果他们还不曾完全被欧洲的腐烂的文明的罗网捕住——他们的职责是要把自由的新路径指示给世界，这条新路，在中国的语言里面，只有一个“道”字代表它，“道”就是说，和人类的永久的法则相符合的生活。

……

可是从你的信里及从别方面得来的消息，我知道一般轻率从事的人们——即所谓“改良派”者是也——相信中国应当模仿西洋国家做过的事情，换言之，拿宪法代替军人专制，创设和西方一样的军队，以及振兴实业。从表面上看起来，这个结论似乎是十分简单，而且很自然，但是实际上它不但是很轻率的，并且是愚蠢的——就我对于中国的认识说起来——对于有见识的中国人是不适宜的。如果学着欧洲民族的模样，草创一部宪法，设置军队，甚至厉行强迫的征兵制度，并创办实业，这就是否认中国人生活的一切的基础，否认他们的过去，他们的淡泊的、宁静的农民生活，把真生命唯一的路径——“道”——舍弃了。

中国人不应当模仿西方民族，而应该给他们当一个警告，使他们不致陷入同样的绝境。

西方民族所做的事情应当给东方人做榜样！并不是应做的事情，却是无论如何要避免的事情的榜样。

欧洲人的一切吞并和盗窃所以能成功，就是因为有一个政府存在，对于这个政府，你们承认做它的臣民。如果一旦中国没有政府，外国人就不能施行他们的掠夺政策，借国际的关系为口实。如果你们不听命于你们的政府，如果你们不帮着列强压迫你们，如果你们拒绝替他们的机关——私人的、国家的或军队的——服务，你们现在所受的痛苦就会消灭了。

这样看起来，所以东方民族——他们面前摆着西方可怜的样子——应当合理地放弃这个尝试，想拿这种矫揉的方法——选举议员来限制权力；西方有关系的人物梦想着拿它来解放自己——把自己从人类的暴力的痛苦里面解放出来的尝试。东方民族却应略用别种更彻底的、更简单的方法来解决这个权力问题——照着这条路做去，这条路自己在那些不曾失去这个最高的、带命令式的法则，造物或上帝的法则的信仰的人们面前展开了，——这就是“道”。这个方法，不是别的，就是服从这个法则——禁止我们听命于人们的武力的法则。

如果，即使在最低限度上，中国人像直到目前那种继续他们的宁静的、勤劳的农民生活，并且使自己的行为不违背孔、道、佛三教的精义——它们的基本原则是一致的，道教强调不受人们的武力的束缚；孔教强调己所不欲，勿施于人；佛教强调牺牲、退让，对人类和一切生命的爱。如果中国人这样做，他们现在所受的痛苦自会消失，将来的世界必没有一个强国能使他们屈服。中国人，以及一切东方民族现在所担负的使命，据我看，不仅是把他们自己从他们政府以及外国人强加给他们的痛苦中解救出来，并且还要把这个过渡时代的出路指示给所有民族——他们都在那里，无一例外。

确实，除非屈从于上帝的势力，是不以人的意志为转移的，此外没有，并且也不可能有别的出路。

托尔斯泰　1906 年 10 月

1906年年底，德国的《新自由报》和法国的《欧罗巴邮报》以《致一位中国人的信》为题，先后登载了这封复信。

1908年8月28日，托尔斯泰80岁生日之际，许多聚在上海的文人决意致信托尔斯泰。辜鸿铭以中英文写作贺电。

辜鸿铭与托尔斯泰虽终生未曾谋面，但都怀抱着一颗深切的济世之心，惺惺相惜之意千里难隔。辜鸿铭不逐流俗，格格不入，托翁亦是如此。辜鸿铭一身标志性服装，拖着长辫，傲然于世；托翁贵为伯爵，却常穿农奴的粗布衣衫，混于平民之中，异于其他贵族。

托尔斯泰与妻子不和，因为他总想解放自己领地上的农奴。1910年，年过八十的托尔斯泰负气出走，颤颤巍巍地走进了纷飞的大雪中，走进天寒地冻，走近他心中真切的世界。不几日后，托尔斯泰客死他乡。他终于融入了永恒，不再为世上的苦难费心。

“招风”怪老头

“到北京可以不看三大殿，不可不看辜鸿铭。”语出20世纪一二十年代访华的外国作家、学者。辜鸿铭的街坊邻居总也想不明白，这么个迂腐刻薄的怪老头，凭什么让洋人这么喜欢，以至于成了非见不可的吉祥物？

当时侨居北京的西方人多为有识之士，常就某一问题争论不休，实在争不下去，便会说：“我们去请教辜鸿铭先生，看他怎么说。”然后便一窝蜂扎进椿树胡同。

辜鸿铭的小院仿佛公堂一般，他的论断俨然成了标准答案。辜鸿铭也不客气，侃侃而谈，以其渊博的西方学术涵养征服双方。

辜鸿铭“招风”极了，许多外国作家、学者都以见他为荣。

英国著名作家毛姆就被辜鸿铭深深吸引。1920 年，他游历东南亚，在辜鸿铭的故乡槟榔屿看了一圈，然后来到北京，迫切希望见到辜鸿铭本人。

这时毛姆 46 岁，辜鸿铭则 64 岁。毛姆正值盛年，辜鸿铭正潇洒地度着“残年”。

毛姆怀着奇异的心情，踏上这片饱受战火肆虐、古老而神秘的东方大地。

拜会名满西洋的辜鸿铭，是毛姆此行的主要目的，“这里还住着一位著名的哲学家，前去拜会这位哲学家是我这次可算是艰苦跋涉的旅途的目的之一。他是中国最大的儒学权威。据说他的英文和德文说得都很流利。他曾做过皇太后著名总督之一的秘书多年，但是现在已经退休。然而，在一年四季，每周固定的日子里，他的门总是向那些渴求知识的人们打开着。他有一群弟子，但人数并不是很多。他的学生们大都喜欢他那简朴的住宅和他对外国大学奢侈的建筑及野蛮人实用科学的深刻批判：同他谈论这些题目只会遭到嘲讽。通过这些传闻我断定他是一位蛮有个性的人。”

毛姆借宿在一个英国人的家里，当他表示想去拜会这位著名的绅士时，主人马上答应安排这次会面。可是很多天过去了，毛姆没得到一点消息。他终于忍不住向主人询问，主人耸了耸肩，说道：“我早就派人送了张便条给他，让他到这里来一趟。我不知道他为什么到现在还没有来。他很不通情理，是个刁钻的怪老头。”

毛姆听罢，不禁暗叫“糟糕”，以这样傲慢的态度去接近一个哲学家显然十分不妥，辜鸿铭当然不会理会这样随随便便的呼召。毛姆用自己能够想到的最谦卑的言辞写了封信给辜鸿铭，信送出还不到两个小时，毛姆就接到了回信，约好第二天上午十点见面。

毛姆是坐着轿子去的，“前去拜访他的路似乎很长。我们穿过的街道有的拥挤不堪，有的却不见人影。最后我们来到了一条寂静、空旷的街道，在一面长长的白色墙壁上有一扇小门，轿夫在那里把我放了下来。一个轿夫前去叩门，过了很长的一段时间，门上的监视孔打开了，我们看到一双黑色的眼睛在向外张望”。

刘二向外张望着，看清来人，便将门打开。毛姆略作打量，不知这是辜鸿铭的仆人还是门生，与街上的其他年轻人很不同，衣着朴实还拖着一条长辫。

刘二不通英文，毛姆不通汉语，二人无法交流，只是静默着一前一后穿过小花园。

园里最引人瞩目的是一棵高大笔直的椿树，毛姆一路抬头望着它，不知不觉被领到了一个又矮又长的房间。

这大概是一间书房，显然没有用心装饰过，粗糙而简陋，陈设很简单：一张美式的带盖桌子，几把黑檀木做的椅子和两张茶几。书架规矩地靠墙抱着，上面塞满了各种各样的书籍。最多的自然是中国书籍，但也有许多英文、法文和德文的哲学与科学书籍。此外还有数以百计尚未装订的学术书籍杂志。

书架间的缝隙挂满了各种各样的书法条幅，毛姆不识汉字，不过可以猜出那定是孔子语录之类。地上没有踩上去暖融融的地毯，使得整间书房更显冰冷生硬。

屋里也有一抹亮色——桌上的长颈花瓶里几支黄菊傲然而立，其风骨倒与书房的主人有几分相似。

毛姆拘谨地坐了一会儿，刘二走进来摆上来一壶茶、两只茶杯和一包弗吉尼亚产的香烟。他前脚刚退下去，辜鸿铭后脚就进来了。毛姆连忙起身，说："承蒙辜先生忙里抽闲得以相见，不胜荣幸，不胜荣幸。"

辜鸿铭微笑着给毛姆倒了一杯茶，说："坐坐坐，喝茶，不必拘谨。"

辜鸿铭也坐下，接着说："你大老远来见我，我也不胜荣幸。说起来，你们英国人只与苦力和买办打交道，所以你们认为中国人只有两种：不是苦力定是买办。"

毛姆顿时丈二和尚摸不着头脑，想抗辩，却又还没有弄明白辜鸿铭讲这番话的真正意图。只见辜鸿铭靠在椅子里，美滋滋地吸着烟，用嘲弄的目光看着毛姆。

辜鸿铭见毛姆一副不解的神情，继续说："你们认为我们中国人，可以招之即来挥之即去。"

这时毛姆才弄明白，原来辜鸿铭是对先前过于傲慢的联络方式耿耿于怀。他只好多说了几句恭维话，顺便打量这位言辞刻薄的老人家。

眼前这位老人细高的个头，留着一条灰色的细长辫子，大而明亮的深邃双眼下已有了眼袋，牙齿也不全了，胡子是和辫子一样的灰白色。一身传统的前清打扮，古板而古怪，让人很难想象他居然是个游遍西洋、精通诸国语言的"欧洲通"。

毛姆可以说是有备而来的，他清楚地知道应该如何同哲学家打交道。在那些关心灵界诸事的人们心目中，哲学家拥有至荣的地位，本杰明·迪斯累里早就讲过应该把哲人奉为神明。

辜鸿铭也在观察毛姆。以他的年龄来看，毛姆还是半个年轻人。起先，辜鸿铭是很戒备的，见毛姆说了许多恭维话，就渐渐放松下来。

“你知道我是在柏林拿的哲学博士，”辜鸿铭说，“那儿以后我又在牛津大学做过一段时间的研究。说实话，英国人对哲学实在是没有很大的胃口。”

虽然辜鸿铭是用略表歉意的语调来发表这些评论的，但是很明显，一点点的异议都会引起他的不悦。

毛姆说：“可是我们也有过，对人类社会思想界多少产生过影响的哲学家呀！”

辜鸿铭略有不屑：“你是说休谟和柏克莱？可是我在牛津的时候，那里的哲学家们更为关心的并不是哲学问题，而是如何才能不冒犯他们的神学同事。如果他们思考所得出的逻辑结果可能会危及他们在大学社会里的地位的话，他们宁愿放弃。”

“您研究过当代哲学在美国的发展吗？”毛姆问道。

辜鸿铭呵呵一笑：“你是说实用主义？实用主义是那些相信不可信之物的人们的最后避难所。比起美国的哲学来，我还是更喜欢他们的石油。”

在毛姆看来，辜鸿铭的评论很是尖酸刻薄。二人继续喝茶，辜鸿铭打开了话匣子，滔滔不绝地讲了起来。毛姆一直留意着辜鸿铭的表达方式：他说着一口多少有些拘泥形式但确实地道的英语，时不时地夹杂着一些德文。如此看来，性格顽固如他，也难以避免地被德国影响了。德国人的行为方式，以及德国人的勤奋刻苦，在他身上留下了不可磨灭的印记。

当辜鸿铭谈到当时一位德国教授在一本学术刊物上发表一篇论文，论述他的 部著作时，不禁有些顾影自怜地欣赏起德国人的敏锐来。

辜鸿铭加重语气道："我大概出过20本书，整个欧洲出版界对我的关注大概也仅限于此了。"

从接下来的谈话中，毛姆终于得知辜鸿铭痴迷于儒学却又不懈研究西学的原因。

辜鸿铭研究西方哲学的唯一目的，就是为了佐证他的一贯观点：儒家学说是天地间最富有智慧的学说，囊括万物。如果儒学是一种信仰，那他无疑是最狂热的信徒。儒家哲学已经满足了他所有的精神需求，这就使得所有的西方学问变得毫无价值可言，成了陪衬的绿叶，但对于绿叶又是有了解的必要的。

东方遇西方

与辜鸿铭的一番关于哲学的畅谈，让毛姆进一步验证了这个想法：哲学关乎逻辑，但归根结底是关于性情的学说。

辜鸿铭又点燃一支烟。开始时他讲话的声音轻微而疲乏，可是随着情绪的翻涌，他的声音也变得洪亮起来。他成了激情的化身，不复哲人特有的宁静。他成了一个善辩者和文化斗士，对当代关于自由主义的呼声深恶痛绝。他捍卫古老中国的一切：古老的学说，传统的帝制，孔教严格的教条。当他谈到那些留洋归来的年轻人，用他们"洋气"的双手无情亵渎、撕毁这个世界上最古老的文明时，他的情绪变得异常激动，眼里充满了悲愤。

辜鸿铭愤愤地道："可是你知道你们在做什么吗？你们有什么理由认为你们的东西就比我们的好？你们在艺术或文学上超过了我们吗？我们的思想家没有你们的博大精深吗？我们的文明不如你们的完整、全面、优秀吗？当你们还在居山洞、穿兽皮、过着茹毛饮血的生活时，我们就已经是文明开化的民族了。

“你可知我们曾进行过人类历史上空前绝后的实验？我们曾寻求用智慧，而不是武力来治理这个伟大的国家，而且在过去的许多个世纪里，我们无疑是成功了的。可是你们白种人为什么瞧不起我们黄种人？需要我来告诉你吗？就是因为你们发明了机关枪，这是你们的优势。我们是一个不设防的民族，你们可以靠武力把我们这个种族灭绝。我们的哲学家曾有过用法律和秩序治理国家的梦想，你们却用枪炮把这一梦想打得粉碎。

“现在你们又来向我们的青年人传输你们的经验，将你们邪恶的发明强加给我们。可是你们难道不知道我们是一个对机械有着天赋的民族吗？难道你们不知道我们拥有四万万世界上最讲实效、最为勤奋的人们吗？难道你们真的认为我们需要很久的时间才能学会你们的技术吗？当黄种人也可以制造出同样精良的枪炮并迎面向你们开火时，你们白种人还会剩下什么优势吗？你们求助于机关枪，可是到最终你们将在枪口下接受审判。”

毛姆被这一番滔滔不绝“灌溉”得晕头转向。他终于明白为何人人都言辜老先生舌灿莲花，今日一见果然名不虚传。

突然，一个小女孩怯生生地探头进来，打断了二人的谈话。

辜鸿铭冲她略一招手，小女孩听话地走过来，依偎在他身边，用一双乌溜溜的大眼睛好奇地打量着毛姆。

辜鸿铭将小女孩揽在怀里，满脸慈爱地向毛姆介绍：“这是我最小的女儿，生在天下大乱的时候。”

小女孩模样俊秀，穿着朴素，一根油黑的麻花辫坠在脑后。通过辜鸿铭的讲述，毛姆得知她是在辛亥革命的当天出生的，那场革命成功废黜了皇帝，让辜鸿铭深受打击。

辜鸿铭道："我想她的出生预示了一个新时代春天的到来，她是我们这个伟大民族秋天里的最后一只花朵。"

说罢，从书桌的抽屉里拿出一些零钱交予小女孩，打发她出去了。

辜鸿铭头一歪，捋过自己的辫子道："我想你一定注意到了我的辫子，不少人都笑话我。但它是一个象征，是古老中国的最后一个代表。"

比起方才的激昂，辜鸿铭的情绪平复了许多，恢复了一个智慧老者的平和。

"你知道吗，古时先贤同弟子周游列国，向可以教化的人们宣传自己的学说。各国的国王很是善待他们，或是邀请他们出将入相，或是任命他们主治一方……"

毛姆不无感慨地望着这位松形鹤骨的老学究。他生不逢时，渊博的学识来不及全部施展，便天下大乱，而乱世只以刀枪论成败，不以纸笔论输赢。到了治世，又无人追随聆听他的教诲。这个才高八斗的老先生，也算是个悲剧性人物了。

直觉告诉毛姆，该是告辞的时候了，可是辜鸿铭却没有要他走的意思。毛姆不得不直言告辞之意，辜鸿铭这才放行。

辜鸿铭搓着手思索道："你来拜访中国的最后一个哲学家，我该送你点什么留作纪念才是。可我是一个穷人，实在没什么拿得出手的东西……"

毛姆连忙说道："辜先生不要客气，能见您一面就够了，不敢奢求纪念品。"

辜鸿铭固执地晃着脑袋："要送的，要送的。"

毛姆不禁窃喜，恭敬地道："多谢先生。"

辜鸿铭为难地捻着胡须："在这个堕落的年代里，人们的记忆都变得短暂了，我还是应该送给你一件有形的东西。我这里别的没有，书倒是很多。本想送给你一本我的拙作，可是你又不能读中文。唉，该送点什么好呢？"

毛姆见辜鸿铭带着困惑但友善的神情望着自己，忽然有了个好主意："能不能给我一份您的墨宝？"

辜鸿铭讶异道："墨宝？想来我年轻时，常被人说字丑。你我二人也算有缘，我就赠你一幅书法吧！"

辜鸿铭稳坐于书桌边，拿过一张宣纸，展放在桌上。又在砚台上滴了几滴水，研好了墨，然后便运笔写了起来。写完后，辜鸿铭满意地端详起自己的作品来。为了使墨迹尽快干涸，他撒了些灰在纸上面，然后递给毛姆。

毛姆完全看不懂，连忙请教道："辜先生写了些什么？"问完之后，竟发现辜鸿铭眼里掠过一丝狡黠和幸灾乐祸，简直像个老顽童。

辜鸿铭笑了笑，解释道："拙诗两首，不成敬意。"

毛姆赞叹道："原来您还是一位诗人！"

辜鸿铭自得道："当中国还是一个未开化的民族的时候，受过教育的人就能够写出优美的诗句了。"

"您到底写了什么？"

辜鸿铭神秘地笑笑："对不起，这暂时是个秘密。"

毛姆有些激动，反复端详着纸上的中国字，除了认得出个数，其他便一概不知了。他心想：回国之后一定要找个精通汉语的人好好请教一下。

毛姆将辜鸿铭的大作仔细卷好，同他道别。辜鸿铭一直将毛姆送到门外，看着他上轿。毛姆朝辜鸿铭摆摆手，最后看了眼院内那株直指苍穹的椿树。

毛姆回国后，遇到了一位从事汉学研究的朋友。他请朋友把这两首诗翻译出来，朋友告诉他这是送给妓女的诗，毛姆不禁哭笑不得。后来每当他读到这两首诗，就不免想起和辜鸿铭这个怪老头的会面，实在是刻骨铭心。

辜鸿铭的原作为何不得而知，从英文版汉译来的内容如下：

第一首诗：

当初你不爱我
你的声音是那么甜美
你的眼里充满了笑意
你的双手纤细温柔

后来你爱上了我
你的声音变得苦涩
你的眼里充满了泪水
你的双手僵硬干涸

这是多么的令人悲伤
因为爱使你变得
不再可爱

第二首诗：

我曾乞求岁月匆匆

带走你明亮的双眼
你如桃花般娇嫩的皮肤
和你迷人的青春朝气

那样我就可以独自爱你
你也会在乎我的爱

岁月真的匆匆过了
带走了你明亮的眼睛
你如桃花般娇嫩的皮肤
和你迷人的青春朝气

可是我却不再爱你
也不再在乎你的爱

年轻的访者

莫愁前路无知己，天下谁不识辜氏？

辜鸿铭的小院接待过许多慕名而来的有识之士，其中最年轻有为的，还要数芥川龙之介。

毛姆前来拜访的次年，1921 年春天，曾写出《罗生门》等名作的日本作家芥川龙之介受新闻社派遣，来华游历采风，编写新闻趣事，在报纸上发表中国行的见闻，一日一篇，让日本读者从文学漫游的角度来了解中国。后来，他发表的见闻被集结成书，于是有了颇受争议的《在中国的屏风上》。

3 月 22 日，芥川龙之介从日本九州坐海轮出发，往中国方向航行。辜鸿铭所在的北京自然是他万万不会错过的一站，不过他最先到达的地方是上海。他的中国之行开头并不顺利，“我从到达上海后的第二天起就病倒在床，第三天就住进了里见医生开的医院”，芥川得了肋膜炎，花了三周时间才治愈。

在上海，芥川拜访了同辜鸿铭一样雄辩古怪的章炳麟。章炳麟的书斋只给芥川留下了一个印象：冷，到处都冷。

鳄鱼标本的冷，书房的冷，椅子的冷。这些冷的词语成为这篇文章的开头和结尾，芥川在其中感叹，没有得感冒真是个奇迹。

章炳麟雄辩且言辞犀利，芥川同他谈了许久，连烟都忘了抽。章炳麟对芥川感叹道：“今天的中国，遗憾的是，政治上正在堕落，腐败成风。甚至可以说比清末更甚。至于说到学问、艺术方面更显得停滞不前。”若是辜鸿铭听了这话，必将大有感慨。

不久后的一次宴会上，一位英国友人听说芥川要去北京，不禁握着他的手提醒道：“一定要记得去见见辜鸿铭！就算不看紫禁城，也要见他。”

芥川一到北京就开始打听辜鸿铭，一问之下原来人人都知晓他的大名，还对他由衷敬佩，更加坚定了芥川拜访辜鸿铭的心。芥川下榻在东单牌楼一方的旅馆，离椿树胡同不远，步行即可前往。

芥川饱读中国诗书，对中国文化和中国古典文学由衷热爱，辜鸿铭这样的文化怪杰他是一定要见的。芥川对近代中国受到的欺压感到讶异和不解，一个有着伟大文化的国家，怎会任凭列强肆虐？若芥川以通信集中的疑惑去向辜鸿铭讨教，恐怕会三天三夜无法合眼——这正是辜鸿铭介怀一生的终极问题啊！

次日，芥川便迫不及待地登门拜访，轻易便找到了辜鸿铭的小院。刘二也不多问，将芥川领到辜鸿铭那间低矮简陋的书房。

这间让毛姆倍感不适的书房，在芥川看来却有点可爱。他可以理解这种简陋和单调，大概与他是东方人不无关系。与章炳麟高处不胜寒的书房不同，此间虽也冷清，却颇有生活气息。书籍堆得乱七八糟，环境也不甚干净，也许还有臭虫出没，但简陋中却洋溢着主人清高的性情。

辜鸿铭很快推门而入，面带喜色，以地道的英语同他打招呼："来得好啊，请坐。"

春寒料峭的时节已然过去，天气转暖，辜鸿铭仅穿着件白色长褂，虽是花甲老者却也朝气蓬勃，脸庞消瘦，乍看有些像蝙蝠。芥川听人说他常戴瓜皮小帽，不过此时没戴，拖着灰白发辫，露出剃得光溜溜的脑壳——好标准的前清发型！芥川不禁暗自感叹。

辜鸿铭请芥川吸烟，自己也点上一支，悠然道："你不着洋服，难得。只可惜没有辫子。"

芥川颇有些惊奇，静听辜鸿铭的一言一词，心想：此人确实奇怪。

辜鸿铭一边用铅笔在纸上写着汉字，一边以英文口若悬河地讲着，芥川感到巨大的信息量扑面而来，应接不暇。他没有带翻译，不过交流起来倒也毫无障碍，只是辜鸿铭有时语速太快，前一句还没领悟，后一句便已经过去了。

谈了约半个小时，辜鸿铭的小女儿娜娃好奇地走进书房。辜鸿铭将女儿拉到身边，告诉她："这位客人从日本远道而来，你要不要唱首歌给他听？不过他不懂汉语，你可以唱日本歌。我看就唱伊吕波歌（日本四十七个字母集成的歌）吧，这是你很熟的。"

娜娃含羞带怯地唱了起来，辜鸿铭很满意，芥川却有几分莫名的伤感。娜娃唱完后便害羞地跑开了，辜鸿铭转而与芥川讨论起时局政治来，骂段祺瑞等政客，赞托尔斯泰等文人。

辜鸿铭慷慨激昂的讲说式谈话令芥川印象深刻，他在《中国游记》中写道："小姐离开之后，先生又为我论及段祺瑞，论及吴佩孚，同时论及托尔斯泰（听说托尔斯泰曾给先生来过信）。论过来，论过去，先生可谓意气风发，眼光越发如炬，脸庞越发似蝙蝠。"

真是百闻不如一见！芥川如此感叹着，见辜鸿铭兴致盎然神采飞扬，不由得问："为何先生感慨于时事而不参与时事？"

此问正中辜鸿铭伤心之处，他拍着大腿连连说了好几句，语速快得让芥川没能听清。

芥川支起耳朵，说道："请先生再讲一遍，我没有听清。"

辜鸿铭似有所恨，愤愤然在粗纸上大书特书："老、老、老、老、老……"

芥川恍然，原来他是在感叹自己年事已高，力不从心。激情浓浓，却透着淡淡无奈。

此时的芥川龙之介只有29岁，风华正茂，年少有为。辜鸿铭狂叹自己已老，与年轻的芥川龙之介的来访不无关系——面对这样一位才华横溢的后生，怎能不叫辜老先生在意自己的年龄？戏剧性的是，后生芥川龙之介没能活过怪老头辜鸿铭。来华游历6年之后，35岁的芥川龙之介重度神经衰弱，服下大量巴比妥，以自杀的方式告别了这个世界。而那时的辜鸿铭，虽已愈发衰老沧桑，却仍旧潇洒地活着。

与巨匠相交

早在1913年，辜鸿铭一心为复辟大业贡献力量时，曾与泰戈尔一同提名诺贝尔文学奖，最终，泰戈尔凭借诗集《吉檀迦利》斩获殊荣。1924年，泰戈尔周游中国，这两位文化巨匠之间终于有了短暂的交集。

作为印度国歌《人民的意志》原作者，泰戈尔一生都在关注下层人民的悲惨生活和妇女的处境，抨击封建种姓制度，字里行间浓郁的神秘色彩和伤感之情让无数后来人为之着迷。

泰戈尔本就有意周游中国，恰巧接到了中国讲学社社长梁启超的邀请，便顺其自然地开始了中国之行。为泰戈尔充当随行译员的是徐志摩，当时只有28岁，风度翩翩、才华横溢，深得泰戈尔赏识。

泰戈尔常常即兴演说，对中国近代之苦痛感同身受，他热衷于为亚洲文明呼喊，却不被一部分中国人理解。当时，中国正在进行轰轰烈烈的新文化运动，泰戈尔的“颂古”行为深受年轻人的诟病，甚至有人在泰戈尔的演讲现场发放反对传单，扬言要将泰戈尔赶回去——物质救国压倒一切，反封建反传统才是最迫切的任务。

拜访辜鸿铭，是泰戈尔的一项重要日程。辜鸿铭和泰戈尔，这两位东方文化的代表，都自觉地背负着沉重的文化使命。虽然此前从未谋面，相见后却并无过多的陌生感，所谓神交已久，大概便是此种情形吧！

泰戈尔精神矍铄、仪容轩昂，须发皆白，眼皮已有些耷拉，眸子却清澈如故。那是一双看遍自然，蕴藏梦想的、诗人特有的眸子。辜鸿铭的打扮照旧，枣红长袍、天青马褂、瓜皮小帽一样不含糊，灰白的发丝间饶有趣味地夹杂着细细的红线。不过整个人干净了许多，帽子上还是点缀了一颗祖母绿，想来是用心打扮过的。比起芥川龙之介来访时，辜鸿铭又老了一些，扶着手杖，却依旧目光炯炯，不怒自威。

二人一番倾心长谈，有感于印度的苦难，泰戈尔说："我再次指出，如果真理从西方来，我们应该接受它，毫不迟疑地赞扬它。如果我们不接受它，我们的文明将是片面的、停滞的。科学给我们理智力量，它使我们具有能够获得自己理想价值的积极意识的能力。为了从垂死的传统习惯的黑暗中走出来，我们十分需要这种探索。我们应该为此怀着感激的感情转向西方活生生的心灵，而不应该煽动反对它的仇恨倾向……今天，任何国家把别的国家拒之门外，都不能谋取独特的进步。"

辜鸿铭赞同泰戈尔对西方人的态度，但有自己不同的看法。他说："西方人的机关枪制服不了一个伟大的民族，最终西方人必会被机关枪所制服。但西方科学给我们的理智力量不会有那么高，中国孔子的教义也许是拯救西方机械的唯一道路。"

而泰戈尔强调说："不仅是孔子的教义，最终是道德的价值充实着每一种文化，如果丧失了这点，那么这种文化将无以自主。"

这两位亚洲民族主义者又谈到了日本。不约而同地，二人都对日本很有好感。

辜鸿铭说："日本的军事力量让许多人恐惧，对日本充满怨恨。实际上，他们真的继承了汉族文化和儒家的精义，而现在的国人居然视这些如敝屣。不去积淀，而是一味追求物质文明的发达，早晚会出乱子的。"

泰戈尔深以为然："我喜欢日本的戏剧和舞蹈，他们没有在前进中丢失自己的文化，他们是亚洲的榜样。"

两人转而谈到日俄战争，彼此见解惊人一致，他们的民族主义之魂，第一次从日本那里得到了安慰。尽管二人志趣相投，辜鸿铭还是不禁高傲而猖狂地道："你是诗人，不懂得《易经》中的哲理和东方文化的精髓，还是适合去写诗！宣扬东方文化的重任，还是由我来担当吧！"

面对这个孩子气的怪老头，泰戈尔只是一笑置之。

会谈后，辜鸿铭和泰戈尔在清华大学工字厅合影留念，留下了后世流传甚广的唯一合照。两位东方哲人并肩而坐，徐志摩则坐在后排的花坛边。两位老者的传统服饰，和徐志摩等几位年轻人的西装革履形成了鲜明对比。所有人都在寻梦，辜鸿铭和泰戈尔在寻数千年东方文化崛起之梦，几位年轻人在寻新兴物质文明之梦。前路如何？结果如何？只留后人细细评说。

最常出入辜鸿铭家的，还要数两个人：梁敦彦和伍连德。梁敦彦是辜鸿铭的至交老友，自不必介绍，有必要说一下伍连德。伍连德是中国近代赫赫有名的公共卫生学家，是中国检疫、防疫事业的先驱，他能成为辜鸿铭的座上宾，主要归功于他的出生地——马来西亚槟榔屿，不错，他与辜鸿铭是名副其实的老乡。

梁敦彦与辜鸿铭同年，也已是垂垂老者了。早年他因丁巳复辟受通缉，1918 年国民政府免除通缉后，便回到了北京，常来辜鸿铭家中做客。两位一度辉煌的旧时同事相对而坐，不免追忆在张之洞手下的幕府岁月，感慨颇多。追忆往昔之余，也常苦中作乐。

一次，辜鸿铭得意地对梁敦彦说："我能一字不落地背出《失乐园》来，哼哼。”

弥尔顿的英文长诗《失乐园》？梁敦彦不敢置信，说：“汤生兄，我信你从前是背得出的，可你如今这把年纪……我看还是算了。”

辜鸿铭的倔驴脾气直往上蹿，从书架取来《失乐园》，让梁敦彦看着，说：“你留神着看，我背得可快。”

说罢，即滔滔不绝如流水般背诵起来，一字不差。梁敦彦目瞪口呆，连连喊停：“打住，我信啦。《失乐园》一共六千五百多行，你要全部背一遍不成？”

辜鸿铭心满意足地捋捋胡须，说：“只怕你目不暇接，看错了行。”

“服了你了！”

这部《失乐园》，辜鸿铭从小就背，一生背过五十余遍，早已滚瓜烂熟。如今人到晚年，感悟更多，每每想起弥尔顿的潦倒不屈，不禁涕泪满襟。

对于伍连德，辜鸿铭总是真诚相待，笑容满面，仿佛又见到了南洋海岛的如画美景：碧海蓝天，高大的棕榈树，少年额角的汗珠，家里的祖先牌位，母亲驱赶蚊虫的扇子摇啊摇……

与伍连德同忆故乡，千头万绪涌上心头之时，辜鸿铭总是更显苍老。在南洋时，他以为这里是他的故乡；如今，身在此处的他，又切切思念遥远的槟榔屿。

新时代的一切，都难入辜鸿铭的眼，他自认是大中华最后一个代表，也是最大的矛盾体。身在皇城根下，心却在流浪，就像他头上的辫子——帝国覆灭，它成了流浪的辫子。心有归处，身若漂泊又何妨？心若漂泊，身有归处又何用？

江湖夜雨十年灯

“冬烘”上讲台

敢在辛亥革命后留辫子，辜鸿铭胆大；敢聘用如此顽固不化的辜鸿铭执教北大，蔡元培胆更大。

1907 年，蔡元培在德国莱比锡大学留学，辜鸿铭此时正在攻读土木工程系。辜鸿铭在 1901 年至 1905 年分五次发表的 172 则《中国札记》，以及《尊王篇》的结集出版令他在西方声名鹊起，蔡元培开始注意到这个非凡的中国人。

1911 年，蔡元培回国，次年出任南京临时政府教育总长。袁世凯窃权后，蔡元培愤然辞职，次年 9 月再度赴德国莱比锡大学求学。这期间，卫礼贤翻译的辜鸿铭著作《为中国反对欧洲观念而辩护：批判论文》已在德国出版，引起巨大反响，蔡元培再次注意到了辜鸿铭。1915 年，欧洲战火纷飞，辜鸿铭呕心沥血之作《春秋大义》出版。蔡元培讶异于西方人对辜鸿铭的崇敬，更加深了对他的印象。

1916年，袁世凯死后，蔡元培被任命为北京大学校长，次年1月4日正式到任。当时北京大学官宦子弟很多，入学多为将来做官发财。蔡元培决心改变北京大学的风气，将这座学府变成纯粹的、研究学问的场所。他在就职演说中阐明三项原则：抱定宗旨，砥砺德行，敬爱师友。

蔡元培聘请有真才实学的学者任教，兼容并蓄，网罗百家人才，不以成见取人。一时人才荟萃，风云齐聚，各派人物毕至。陈独秀、胡适、李大钊、周树人、刘半农……一个个光彩赫赫的名字闪耀在北京大学的学术舞台上，学术氛围空前浓重。蔡元培很注重教师的学术自由，强调："对于教员，以学诣为主。在校讲授，以无背于第一种之主张为界限。其在校外之言动，悉听自由，本校从不过问，亦不能代负责任。"

辜鸿铭极为欣赏蔡元培的办学方法。他1914年前后就偶尔在北京大学讲授西洋文学，深感学术氛围不够好，常有牛刀杀鸡之感。蔡元培出任校长后雷厉风行，辜鸿铭欣然接受他的聘请，主讲英文诗。

第一天上课，辜鸿铭收拾得干净利索，灰白的辫子细细编好，长袍马褂是新洗的，脚蹬一双崭新的双梁平底布鞋，神气地出现在讲台上。

一班新生看见这样一位老古董似的人物，不禁凝神静气，目瞪口呆。这样的情形，日后还出现过很多次。

辜鸿铭感受着万众瞩目的氛围，毫不在意地任学生们打量他，淡然脱俗，一副仙风道骨的派头，不卑不亢地说："我头上的辫子是有形的，你们心中的辫子却是无形的。"

说罢，他随手抄起一根粉笔，转过身在黑板上写下自己的名字，那根惊世骇俗的辫子，则正对着窃窃私语的学生们晃荡着，刺眼极了。

如今都是什么时代了，这样一位留着辫子的典型保皇派，怎能堂而皇之地站在新时期的讲台上教书育人？不少调皮的学生私下议论，谁敢去剪了此公的辫子，必定名扬天下，不过到底是没人敢动手的。

当年还是北京大学学子的罗家伦后来回忆说：“我记得第一天他老先生拖一条大辫子，是用红丝线夹在头发里编起来的，戴了一顶红帽黑缎子平顶的瓜皮帽，大摇大摆地上汉花园北京大学文学院的红楼，颇是一景。”

写罢名字，辜鸿铭转身对学生宣布：“我有三章约法，你们受得了的就来上我的课，受不了的就趁早退出：第一章，我进来的时候你们要站起来，上完课要我先出去你们才能出去；第二章，我问你们话和你们问我话时都得站起来；第三章，我指定你们要背的书，你们都要背，背不出不能坐下。”

在座学生听得发愣，再次观他形貌，无论如何不敢相信此等古董居然是讲英文诗的！讲了一会儿约法三章，辜鸿铭进入正题了：“我们为什么要学英文诗呢？那是因为要你们学好英文后，把我们中国人做人的道理，温柔敦厚的诗教，去晓喻那些四夷之邦。”

时到今日，居然还有人将西洋世界称为“四夷之邦”，让学生们大跌眼镜。同许多人一样，学生们仅把辜鸿铭当作笑料制造者，忽略他曾做出的挣扎，无视他对东方文化的不懈探索和对这片古老大地命运的深切关注。

学生们不信这个封建文化的卫道士居然能讲英文诗，只等正式上课之时来见识一番。正式上课这天，辜鸿铭气定神闲登上讲台，赤手空拳，连讲义也不带一份，滔滔不绝讲述起来："我讲英文诗，要你们首先明白一个大旨，即英文诗分三类：国风、小雅、大雅。而国风中又可分为苏格兰、威尔士等七国国风。"以中文诗框架去套英文诗，实乃古往今来第一人也。

辜鸿铭讲到兴起时，深觉语言不够用，在英语中掺杂了法语、德语、拉丁语、希腊语……手舞足蹈，旁征博引。学生们呆若木鸡，头晕目眩，实在跟不上这位古董教授的思路，一个个两眼发直。

辜鸿铭叹了口气，道："像你们这样学英文诗，是不会有出息的。我要你们背的诗文，一定要背得滚瓜烂熟才行。不然学到头儿，也不过像时下一般学英文的，学了十年，仅目能读报，伸纸仅能写信而已。幼年读一猫一狗式之教科书，终其一身，只会有小成而已。我们中国的私塾教授法就很好，开蒙不久，即读四书五经，直到倒背如流。现在你们各选一部最喜爱的英诗作品，先读到倒背如流，自然已有根基，听我讲课，就不会有困难了。而且，我们中国人的记忆力是很不错的，中国人用心记忆，外国人只是用脑记忆。我相信诸君是能做好的。"

学生们见识了他的语言天赋，不得不佩服，按照他传授的方法，日夜诵读英文诗。上课时，学生们若用中文问他，他便答以英文；用英文问，他偏又答以中文，以此使学生们更加发奋。

辜鸿铭还教学生们念自己翻译的英文版《千字文》，从"天地玄黄"到"焉哉乎也"通通译成英文，让人大开眼界。辜鸿铭摇头晃脑，陶醉极了，俨然成了私塾先生。学生们跟着他念，恍惚之间回到了旧时的学堂，不过嘴里念的是英文罢了。

上过辜鸿铭课的袁振英回忆道：“现在想起来，也很觉可笑。看他的为人，越发诙谐滑稽，委实弄得我们乐而忘倦，这也是教学的一种方法，所以学生也很喜欢。”

辜鸿铭又给学生们讲《三字经》：“《三字经》一书，里面有许多科学道理，开宗明义便说‘性本善’，有关人生哲学问题，与法国大儒卢梭的论调相同。什么‘一而十、十而百、百而千、千而万’是数学；什么‘日水火，木金土……’是物理学；什么‘三纲五常’又是伦理学；什么‘天地人，日月星’又是宇宙论、天文学……而君臣父子的道理，全都是很有教导学生价值的。”

罗家伦回忆，据说有一天，辜鸿铭拿出自己创作的英文诗，让学生们译成中文，可学生们的译文都不能使他满意，他便亲自上阵，示范给学生：“上马复上马，同我伙伴儿。男儿重意气，从此赴戎机。剑柄执在手，别泪不沾衣。寄语越溪女，喁喁复何为！”

又将德国诗歌译为从军辞：“击鼓期锴，胡笳悲鸣。爰整其旅，夫子从征。英英旗旆，以先启行。我心踊跃，踊跃我情。赠我战衣，与马从征，自出东门，我马骆骤。遏云其远，与子同行，爰居爰处，强敌是平。乐莫乐兮，与子同征。”

总之，在辜鸿铭这里，凡是英文诗，无不能和中华文化交相辉映。

北大独行侠

比起全中国乃至世界，北京大学不过是方寸之地，然方寸之间也可囊括天下。

对曾漂泊于天南地北的辜鸿铭而言，北京大学小了些，但在近乎完美的学术环境中，他如鱼得水。

前文曾说，辜鸿铭喜欢把外国文学套上中国文学的外衣。又一次，辜鸿铭兴致大发，对同学们说："今天，我教你们洋《离骚》。"之后，他拿出一本英文诗来，原来被他称为洋《离骚》的，是弥尔顿的一首悼亡诗——Lgcidas，为悼念溺亡的友人而作。

然而，学生们学了整整一个学期，仍在学习第一页，这是因为辜教授常常跑题。他讲着讲着，便会开始大骂欺侮中国的洋人，骂乱臣贼子，尤其爱骂袁世凯。每讲到袁世凯之种种，辜鸿铭便咬牙切齿，恨不能将他从坟墓里拖出来鞭尸。辜鸿铭还爱骂共事的诸位教授，笃定地说："今日世界所以扰攘不安，非由于军人，乃由于大学教授与衙门吏役。大学教授是半受教育，而衙门吏役是不受教育。要治这两种人的病，只有给以真正教育。"

对于学生们推崇的民主潮流，辜鸿铭也是连讥带讽："英文 democracy（民主），乃是 democrazy（民主疯狂）。俄国作家陀思妥耶夫斯基乃是 Dosto—Whiskey（Dosto 威士忌）。"

课堂上辜鸿铭说不过瘾，便到学校的演讲会上去说。学生们固然不同意他的一些见解，却也倾慕于那无法掩盖的才华，常被他的连珠妙语吸引，一面暗叹其乖张顽固，一面大呼过瘾。凡是听过辜鸿铭讲课的，无不印象深刻，极为佩服。

后来，他的一位学生著文回忆时，极为慨叹，称："辜先生已矣！我们的同学当中，还没有一个能登堂入室，就是在中国再想找到第二个辜先生，恐怕还不知道什么时候会有呢！待河之清，人寿几何……我不只为辜先生一生潦倒哭，也为中国的文学界悲哀。"

辜鸿铭在学校特立独行，与人交往不多，偶尔在休息室歇着时遇见同事，也会不咸不淡地聊几句。所谓道不同不相为谋，那些热爱民主共和的教授们，见到铁杆保皇派辜鸿铭和他的辫子就难受，更难有共同语言。

就在这短暂的休息时间里，也曾闹出不少趣事。当时受蔡元培所聘的外国学者，无不知晓辜鸿铭的大名，每次见到辜鸿铭都执礼甚恭。辜鸿铭却没那么客气，时而爱答不理，时而以人家外国教授的母语揶揄几句，信手拈来，直将人说得心服口服。

有一次，学校来了位新聘的英国教授，此公初来乍到，第一次进休息室，即看见辜鸿铭窝在沙发里，一身不甚干净的前朝打扮，还梳着一条色彩斑斓的辫子，俨然一个土气不堪的糟老头。英国教授很纳闷，怎会有这样一位人物在教员休息室，便去问一旁的另一位洋教授："此人是谁啊？"

"那是辜教授！"洋教授如此耳语道。

英国教授略带鄙夷地笑着，上下打量这位辜教授。辜鸿铭瞥了他一眼，毫不在意，慢吞吞地以英语请教道："敢问阁下尊姓大名？主讲哪门？"

英国教授暗暗吃了一惊，心想：这个土老头怎么能说得一口纯正的英语？八成是我听错了。举目四望，见周围没有别人，便确定了向自己发问的，正是眼前古董似的老头。

英国教授连忙答道："我是讲文学的。"

辜鸿铭了解情况似的点点头，竟换用拉丁语同他交谈。英国教授顿时语无伦次起来，仅有的那点拉丁语水平难以招架。辜鸿铭定定看了他一会儿，做不可思议状道："你，教西洋文学？不懂拉丁文？"

英国教授登时人窘，恨不得砸出个地缝钻进去，逃也似的离开了休息室。后来才弄清楚，这位辜教授并非他人，正是名满西洋的“Ku Hung-Ming”。这个名字他再熟悉不过了，几乎所有高等学府的课本中都有此公的著作。

大多数时候，辜鸿铭是不讲话的。只是在休息室静静坐上一会儿，周身散发的派头和气度，便足以让所有人刻骨铭心了。

25 岁的梁漱溟在北京大学教授中国哲学时，对教员休息室里的辜鸿铭印象颇深，他回忆道：“偶然一天相遇于教员休息室内。此老身量高于我，着旧式衣帽，老气横秋。彼时我本只二十五，而此老则大约七十上下了。因当时南北争战，祸国祸民，我写了《吾曹不出奈苍生何》，主张组织国民息兵会的小册子，各处散发，亦散放一些在教员休息室案上。老先生随手取来大略一看，自言自语地说了一句：‘有心哉！’他既不对我说话，而我少年气傲，亦不向他请教。今日思之，不免歉然。”

辜鸿铭在北京大学教书时，深居简出，从不主动访友，更未见心高气傲的他佩服过哪一位，除了蔡元培——辜鸿铭对他是既敬佩又维护。

1918 年 1 月，蔡元培曾发起组织“进德会”。“进德会”的章程恰好与辜鸿铭的生活作风相悖，不过辜鸿铭并未习惯性地予以批驳，而是和缓地道：“蔡校长搞进德会我不反对，因为他是好人，但我反对另一位好人加入进德会，他就是辜鸿铭，因为我是名士，自古名士哪一位不风流？”

“冬烘先生”虽然固执不化，做人却一片赤诚，从不随风而动。他的眼里容不得一点沙子，以至越发与社会格格不入，也只有蔡元培的度量胸怀能够包容他。

但是，并非所有人都像蔡元培一样待辜鸿铭，陈独秀就对他很不满意，曾说："辜鸿铭上课，带一童仆为他装烟倒茶，他坐在靠椅上，辫子拖着，慢吞吞地上课，一会儿吸烟，一会儿喝茶……蔡元培能容忍他摆架子，玩臭格，居然一点儿也不生气。"

在学术、言论自由的北京大学，此等传统守旧之言也算是奇特了，却不难看出辜鸿铭对蔡元培的敬佩之情。此等维护，在五四运动之时更是显露无遗。

1919 年 1 月 18 日，第一次世界大战硝烟散尽，中国首次作为战胜国出席议和会议。然而在和谈桌上，中国却没有得到战胜国应有的地位和尊严。中国代表在和会上提出废除外国在中国的势力范围、撤退外国在中国的军队和取消"二十一条"等正义要求，但巴黎和会不但拒绝了中国代表提出的要求，还决定将德国在中国山东的权益转让给日本，中国再次成了无力反抗的羔羊。

消息传到北京，热血的爱国青年学生们怒不可遏。3000 多名爱国学生于 5 月 4 日在天安门集合，高举血书，发出振聋发聩的呼声："外争主权，内诛国贼！""勿作五分钟爱国心！""争回青岛方罢休！""宁为玉碎，不为瓦全！""头可断，青岛不可失！""中国宣告死刑了！"

爱国学生的一腔热血，无法泼醒当权者昏聩的头脑。那些军事家们荣华富贵等身，家国天下已是九霄云外之事。"冬烘先生"辜鸿铭，虽撰文警告北洋政府"不可自作孽"，却早已看破此中关节，多了都不愿意去骂。

5 月 8 日，蔡元培不屑与无耻的北洋政府同流合污，向教育部提出辞职，并留给北京大学师生一个启事——"我倦矣！杀君马者道旁儿。民亦劳止，汔可小休。我欲小休矣。北京大学校长之职已正式辞去，其他向有关系之各学校各集会，自五月九日起，一切脱离关系，特此声明，唯知我者谅之。”

蔡元培的毅然辞职，更加激化了军阀政府与学生运动斗争，在北京大学乃至整个学术界引起轩然大波。然而军阀政府愚昧不仁，变本加厉，在6月3日派兵镇压学生运动，双方僵持不下。北京大学的教授们紧随蔡元培的脚步，纷纷提出辞职。

6月5日，北京大学教授在红楼召开临时会议，讨论与军阀政府对峙的时间，以及挽留校长蔡元培。许多教授纷纷出言，希望蔡元培能够继续担任校长，你一言我一语说了许多，也未见结果。众人正议论纷纷之际，辜鸿铭走了出来，站在讲台上，说：“校长是我们学校的皇帝，所以非挽留不可。”

辜鸿铭这一番保皇派的理论，令坚决反对封建主义的陈独秀、胡适、钱玄同、刘半农等人跌破眼镜。但因他是在为大家挽留校长，即使方法过于诡异，也没人起来批评。

辜鸿铭对蔡元培极为推崇，曾公开说道：“现在的中国只有两个好人，一个是蔡元培，一个是我。我不跟他同进退，中国的好人不就要陷入孤掌难鸣的绝境吗？”而他的解释是：“好人的标准就是有原则，讲气节！蔡先生中了进士点了翰林之后，飞黄腾达升官发财在眼前，可他却弃官不做而跑去革命，到现在还是革命，可谓真革命。我呢，自跟了张香帅做了清朝的官，到现在还保皇，此可谓真保皇。这样的人，当今世界哪还有第三个？”

辜鸿铭为自己的忠君之心感到自豪，但也佩服蔡元培对革命的坚持。他认为，自始至终都讲究原则的人才值得尊敬，哪怕对方跟他站在对立面。那些墙头草，世受皇恩又跑去造反、半路改道的，尽是卑鄙小人，比如袁世凯。

6月10日，不堪重压的军阀政府满足了学生们的要求，拒绝在巴黎和约上签字，并挽留蔡元培。7月9日，蔡元培电告学界，表示放弃辞职。9月12日，蔡元培正式恢复旧职，北京大学也重归正轨。

辜鸿铭见蔡元培终于不走了，便也安心重返讲台，继续讲英文诗。

论战活靶子

1917年7月，辫帅张勋曾操办了一场复辟闹剧。内阁名单上，辜汤生三个大字赫然在列，官职是外务部侍郎，相当于外交部副部长。满怀壮志的辜鸿铭仅仅做了12天的官，唯一的一件差事还办砸了，却从此成为复辟派的主要代表之一。甚至从1918年，即民国七年起，摇身一变成了新文化公敌，饱受思想新潮的学者攻讦。

1918年3月，陈独秀发表《驳康有为〈共和平议〉》，文中写道“康氏若效张勋、辜鸿铭辈……”，俨然把辜鸿铭当作张勋复辟的“二股东”。同年9月，陈独秀在《质问〈东方〉杂志记者》中，责问该刊主编杜亚泉（伧父）等，指责其转载德国人赞美辜鸿铭的文章，“辜老先生之言论宗旨，国人之所知也，《东方》记者其与辜为同志耶”？其中“辜老先生之言论宗旨”，便是陈独秀所痛恨的保守主义、复辟论。

又称“辜鸿铭、康有为、张勋诸人……”，把辜鸿铭列在了复辟之首，甚至排在张勋之前。陈独秀慷慨激昂地责问杜亚泉等，难道赞同辜鸿铭等人的歧见？以复辟派为同志？杜亚泉与他针锋相对，作文回应，陈独秀不甘示弱，于是有了“再质问”。

期间双方据理而争，捍卫自家阵地，其他报刊与学者各自站队，纷纷抄起纸笔来，或爱恨鲜明地为某方呐喊助威，或态度暧昧作壁上观。这场空前的笔墨官司，一直持续到五四运动爆发的前夜，后世给它起了一个总称：东西方文化问题论战。

这场文化论战，让闲云野鹤的“冬烘先生”炙手可热。多方论战均以他为靶心，毕竟，像他这样集中西方文化精粹于一身，头留长辫、复辟心思毫不遮掩，又常年活跃于报纸杂志高谈阔论的，再难找出第二个了。

这场杀人于无形的笔墨官司，缘起于西洋人对辜鸿铭的尊崇，其中尤以德国人为甚。

第一次世界大战，德国作为战败国，不得已被英、法、美等国严厉制裁。以英、法、美为首的协约国解除了德国的武装，并提出赔偿 2260 亿马克（约合 113 亿英镑），且以黄金支付的赔款条约（后减至 1320 亿马克，1921 年赔偿金额确定为 49.9 亿英镑，即 1320 亿马克）。

渴求和平的德国人困惑了，同为欧洲人，共享西方文化，他国何以这样对待我们？德国人民何错之有？西方文化的本质竟如此贪婪暴虐吗？

战败后的德国社会一片肃杀，阴霾密布，对西方世界爱恨交加，转而将目光投向古老而智慧的东方文化。第一次世界大战前后，德国相继出版了辜鸿铭的《为中国反对欧洲观念而辩护：批判论文》和《中华民族的精神与战争的出路》，以及 1921 年编译的辜鸿铭论文集《怨诉之音》。这些书风靡德国，异常的畅销，为辜鸿铭在德国赢得了大批拥趸者。

据说德国著名哲学家、历史学家施本格勒轰动西方世界的著作《西方的没落》，就曾受到辜鸿铭思想的影响。

辜鸿铭在西方世界的空前盛誉，是任何一个活着的中国学者想也不敢想的。反观他在国内的形象，实在让人哭笑不得。他将西方人怒斥得体无完肤，却获得盛赞；他为祖国文化呐喊贴金，却饱受鄙夷，被视为民国头号“怪物”，难怪学者称他为近代中国最具戏剧性的名人之一。

也不是无人欣赏辜鸿铭，蔡元培算一号，杜亚泉也算一号。杜亚泉以伧父这一笔名在《东方》杂志上发表名为《迷乱之现代人心》的论文，文中写道：“盲目输入西方学说，导致国家基本政治道德原则丧失、精神破产，造成通俗主义、平凡主义受推崇，盲从欧美之风盛行……”只有抱有传统文明，融汇西方文化，才能免于“精神破产”。文中还特别引用了辜鸿铭的教育思想，言下之意很是认可。

《东方》杂志还摘载德国人研究辜鸿铭思想的文章，并表示赞赏。

新文化运动的主帅陈独秀一眼便盯住了《东方》杂志，于是便有了前面提到的《质问〈东方〉杂志记者》，直接将以辜鸿铭为同志、“谋叛共和国”的帽子安在了《东方杂志》诸公头上。

陈独秀还在文章中约战，“以上疑问，乞《东方》记者一一赐以详明之解答，慎勿以笼统不中要害不合逻辑之议论见教，笼统议论，固前此《东方》记者黄远庸君之所痛斥也”。大有兵临城下，叫阵之感。

一番以辜鸿铭为中心的东西方文化交锋，就此拉开帷幕。搁在平时，辜鸿铭肯定会立刻提枪上马，与陈独秀单打独斗一番，今次却没作声，只冷眼旁观。

不久，不甘示弱的杜亚泉在《东方》杂志上发表《答〈新青年〉杂志记者之质问》，就陈独秀所提质问加以反驳，称赞传统伦理精神。

陈独秀立马做出回应，1919年2月15日，在《新青年》发表《再质问〈东方〉杂志记者》，称“记者信仰共和政体之人也，见人有鼓吹君政时代不合共和之旧思想，若康有为、辜鸿铭等，尝辞而辟之，虑其谬说流行于社会，使我呱呱坠地之共和，根本摇动也……盖以《东方》记者既不认与辜鸿铭为同志，自认非反对民权自由，自认非反对立宪共和；倘系由衷之言，他日不作与此冲突之言论，则记者质问当时之根本疑虑，涣然冰释，欣慰为何如乎……倘不弃愚笨，对于下列所言，再赐以答，则不徒记者感之，谅亦读者诸君之所愿也”。

陈独秀反复批驳辜鸿铭的封建思想：“辜氏著书之志，即在自炫其两千五百年以来君道臣节名教纲常等之固有文明，对于欧人无君臣礼教之伦理观念，加以非难也”，“辜鸿铭主张君臣礼教”，“辜鸿铭、康有为、张勋皆信仰孔子之伦理与政治，主张君主政体者也”，“辜鸿铭所主张之孔子伦理，尊君之伦理也；其所同情之德国政体，君主政体也：此二者，当然可并为一谈”……

陈独秀写此文时，恐怕椿树胡同小院里的辜鸿铭，正耳根发热，喷嚏打个不停吧！

缠斗两个回合，陈独秀和他的阵地《新青年》明显占了上风。知识分子的中坚力量，即大学生，皆以《新青年》为真理的载体，杜亚泉当然会落下风。当争吵和全盘否定成为习惯，激进就成了人生态度。伏尔泰为卢梭鸣不平时曾言：“我坚决反对他的观点，但我誓死捍卫他说这种话的权利”，而此种理性已无处可寻了。

北京大学学生领袖傅斯年、罗家伦等主办的《新潮》，也加入这场论战中，直接指责出版《东方》杂志的商务印书馆逆历史潮流而进，立场倒退。迫于压力，杜亚泉不得不退了一步，沉默起来。

辜鸿铭的耳根终于清静了些。他每日都看杂志报纸，自然知道学界风起云涌。不过，最从容的，往往是暴风眼里的人。辜鸿铭只是冷眼看着一行行或批判或赞扬他的文字，看罢之后随手一扔，又安心做自己的学问去了。

1919年3月，辜鸿铭的耳根又热了起来，学界江湖风云再起。

五四前夕，新文化运动蓬勃发展，引得一干传统复古人物重出江湖，纷纷撰文攻击。一时间北京大学硝烟弥漫，新旧思潮混战一团。

带头讨伐新文化运动和北京大学的，是被后世称为"译界之王"的桐城派古文家林纾。1919年2月，林纾在《新申报》上发表《蠡叟丛谈》，用短篇小说的形式，辱骂和攻击《新青年》团体和北京大学新派人物。同时又在《公言报》发表《致蔡鹤卿太史书》，攻击新文化运动是"覆孔孟，铲伦常"，"尽废古书，行用土语为文字"，是"叛亲蔑伦"，"人头畜鸣"。写完之后，林纾得意地缀上一句："此书上后，可以不必示复。"

蔡元培忍无可忍，上马迎敌，于3月18日公开发表复信《致〈公言报〉函并附答林琴南君函》，反驳林纾对北京大学及新文化运动的指责，提出两点主张："对于学说，仿世界各大学通例，循'思想自由'原则，取兼容并包主义，与公所提出之'圆通广大'四字，颇不相背也……对于教员，以学诣为主。在校讲授，以无背于第一种之主张为界限。其在校外之言动，悉听自由，本校从不过问，亦不能代负责任。例如复辟主义，民国所排斥也，本校教员中，有拖长辫而持复辟论者，以其所授为英国文学，与政治无涉，则听之。”

“拖长辫而持复辟论者”，北京大学仅一人而已。蔡元培虽敬重辜鸿铭之才学，包容辜鸿铭之政治立场，此时却也不得不继陈独秀之后，亲手为辜鸿铭戴上一顶复辟论者的帽子。

蔡元培终归是敬重辜鸿铭的，并未似陈独秀般直言名姓，仅以复辟论者一言代之，未作过多讨论。而且以“则听之”，委婉地间接肯定了辜鸿铭的教学水平。蔡元培思想之不同，可见一斑。

与胡适过招

林纾与辜鸿铭的骂人方式不同。辜鸿铭骂人，最喜欢引经据典，要以刻薄却无从反驳的道理，让对方心服口服；林纾则全凭故事发泄。

蔡元培公开复信后，林纾又反击了一次，却漏洞百出，不攻自破。林纾之骂人与辩论技巧，与久经磨炼的辜鸿铭尚相隔甚远。不过这一番你来我往，却使辜鸿铭头上的复辟论者帽子越来越重。

辜鸿铭难得在新文化运动中不置一词，唯独对新文学的倡导，他不得不说些什么。

1919 年 7 月 12 日，“复辟论者”辜鸿铭的辫子依然五彩斑斓，长袍马褂依旧一丝不苟，冷眼旁观之余，却难得发声了。此时正值蔡元培辞职风波后。

辜鸿铭在上海《密勒氏远东评论》上用英文发表《反对文学革命》一文。别人论战只用汉字，他却使英文，叫不少想反驳他却无真才实学之辈到处请教，这文章写的什么意思，然后好加以批驳。

辜鸿铭在文中称新文学是名副其实的死文学，会使人道德萎缩："所谓死文学，应指笨拙、无生气活泼的语文，不能表达生动力量的意思。而中国经典绝不符合这个定义。中国经典的文字正如莎士比亚作品中的文字一样，比现在所流行的通俗英语要高贵华丽，和市井白话当然不可同日而语！中国经典之典雅华丽是世界首屈一指的，又其能负传道责任，怎可能是死文字？文学革命者倡导的文学只会使人道德萎缩，才是真正的死文学！"

8月16日，辜鸿铭又在同一刊物上发表《留学生与文学革命》一文。当时新派人士声称，中国文盲如此多是因为文言文难学，辜鸿铭则在文中反驳道："试想，如果中国四亿人口中之百分之九十都变成为知识分子之结果——如像北京的苦力、马夫、司机、理发匠、店员、小贩、游民、流氓等全部都变成知识分子，并且和北京各大学学生一样参与政治，那将是多好啊！然而最近据说已有五千件电报拍往巴黎讨论山东问题的中国代表们，如果四亿人口中百分之九十全变为知识分子，并且也都和留学生一样表现爱国狂，那就请计算一下拍发的电报件数和所耗费的金钱吧。"

辜鸿铭还不忘顺便揶揄这些留学生和知识分子，他们得以潇洒生活，舞文弄墨，"应该为我们四亿人口中的百分之九十仍是文盲之事实，在每天生活中应该感谢神。"

那藏不住的书生之见，又在探头探脑了。

8月间，新文化运动的另一员猛将胡适，凌空奉送辜鸿铭一顶"久假不归"的新帽子。胡适在《每周评论》上登出一段随感录：

现在的人看见辜鸿铭拖着辫子，谈着"尊王大义"，一定以为他是向来顽固的。却不知辜鸿铭当初是最先剪辫子的人。当他壮年时，衙门里拜万寿，他坐着不动。后来人家谈革命了，他才把辫子留起来。辛亥革命时，他的辫子还没有养全，他带着假发接的辫子，坐着马车乱跑，很出风头。这种心理很可研究。当初他是“立异以为高”，如今竟是“久假而不归”了。

意思是，辜鸿铭本非忠君之人，留辫子是为标新立异，久而久之，竟真的成了顽固的复辟分子，可谓偏离了立异的初衷，久假不归了。

因为这个段子，辜鸿铭与胡适之间还发生了一点趣事。

胡适在《记辜鸿铭》中写到“久假不归”之段子一事：这段话是高而谦先生告诉我的，我深信高而谦先生不说谎话，所以我登在报上。那一期出版的一天，是一个星期日，我在北京西车站同一个朋友吃晚饭。我忽然看见辜鸿铭先生同七八个人也在那里吃饭。我身边恰好带了一张《每周评论》，我就走过去，把报送给辜先生看。他看了一遍，对我说：

“这段记事不很确实。我告诉你我剪辫子的故事。我的父亲送我出洋时，把我托给一位苏格兰教士，请他照管我。但他对我说：‘现在我完全托了X先生，你什么事都应该听他的话。只有两件事我要叮嘱你：第一，你不可进耶稣教；第二，你不可剪辫子。’我到了苏格兰，跟着我的保护人，过了许多时。每天出门，街上小孩子总跟着我叫喊：‘瞧呵，支那人的猪尾巴！’我想着父亲的教训，忍着侮辱，终不敢剪辫。那个冬天，我的保护人往伦敦去了，有一天晚上我去拜望一个女朋友。这个女朋友很顽皮，她拿起我的辫子来赏玩，说中国人的头发真黑的可爱。我看她的头发也是浅黑的，我就说：‘你要肯赏收，我就把辫子剪下来送给你。’她笑了，我就借了一把剪子，把我的辫子剪下来送给了她。这是我最初剪辫子的故事。可是拜万寿，我从来没有不拜的。”

他说时指着同坐的几位老头子，“这几位都是我的老同事。你问他们，我可曾不拜万寿牌位？”我向他道歉，仍回到我们的桌上。我远远地望见他把我的报纸传给同坐的客人看。我们吃完了饭，我因为身边只带了这一份报，就走过去向他讨回那张报纸。

大概那班客人说了一些挑拨的话，辜鸿铭站起来，把那张《每周评论》折成几叠，向衣袋里一插，正色对我说：“密斯忒胡，你在报上毁谤了我，你要在报上向我正式道歉。你若不道歉，我要向法庭控告你。”

我忍不住笑了。我说：“辜先生，你说的话是开我玩笑，还是恐吓我？你要是恐吓我，请你先去告状；我要等法庭判决了才向你正式道歉。”我说了，点点头，就走了。

这便是胡适记忆中的辜鸿铭。辜鸿铭自然没有实行他的恐吓。大半年后，有一次胡适见着他，说：“辜先生，你告我的状子进去了没有？”

辜鸿铭正色说：“胡先生，我向来看得起你，可是你那段文章实在写得不好！”

两次笔墨是非，辜鸿铭作为活靶子身中数枪。颇负时望的陈独秀、胡适、蔡元培等直接引领了年轻学子心之所向，不可避免地，辜鸿铭又被自己的学生攻击一番。

赞者赞，批者批，辜鸿铭的大名反复曝光，他本人却闲来无事，提笔找起了美国人的碴。他以英文写了篇《没有文化的美国》，还大模大样地寄给《纽约时报》。辜鸿铭在文中放言，嘲弄美国人缺少文化根基，除了爱伦·坡的一首诗《安娜贝尔·李》

外，没有出现过一首好诗。

令人讶异的是，《纽约时报》真的将此文刊登，文中还插入了辜鸿铭的漫画像：身着一袭旧时清朝官服，拖着长辫。

学界江湖天翻地覆，辜鸿铭却自顾自地嘲讽着美国人，心境已与早年大不相同。他是保皇党，是“君主论者”，是“复辟论者”，还“久假不归”，但他更是一个年过花甲的老人。他不想同比自己小二十几岁的陈独秀，以及比自己小三十几岁的胡适争辩，更遑论罗家伦等年轻后生了。

“洗脚”于江湖

对接受新思想的新派知识分子来讲，这是最好的时代：高歌，推翻，改变，前进；对“封建余孽”辜鸿铭来讲，这是最坏的时代：破坏，无知，不伦，不类。对他人来说虽是地狱，自己却也可创造天堂。

渔父劝屈子：“沧浪之水清兮，可以濯吾缨；沧浪之水浊兮，可以浊吾足。”辜鸿铭显然大大赞同此语。既然江湖水不清，便用它洗脚好了。王国维不肯到浑水中洗脚，后来投湖以死明志，辜鸿铭却肯。此种变通，是他带着满脑袋的“余孽”帽子，却得以风流快活地生存下去的唯一原因。

前文曾提过辜鸿铭的一桩趣事：他收了别人买他选票的400大洋，却不替人办事，反而到温柔乡中风流自在了一回。人家跟他讨说法，他反而破口大骂，还作势要打。这件事，便发生在以他为靶心的东西方文化问题论战期间。由此可见，“冬烘先生”辜老爷子，真是个极其不易抑郁之人。

拖着辫子在北京大学讲英文诗，出了教室进青楼，如此游戏风尘者，世间能有几人?

除了妓院，辜鸿铭偶尔还会去酒馆茶楼怡然自得一番，临街而坐，围着几样精致小菜，潇洒独酌，似是在犒赏自己，也似是在游戏人间。行人匆匆而过，猛然瞥见窗内一个属于没落王朝的背影，不禁要怀疑那是不是一个飘荡许久的前朝幽魂?

辜鸿铭也会豪饮，全无雅相，饮到动情处，又恢复了年轻的神采，鼓动“金脸罩，铁嘴皮”的功夫，与在座的洋人高谈阔论。

有一次，一个外国人问他:“中国的方言为何那么多，天南地北全不相同? ”

辜鸿铭却反问那人:“那欧洲呢? 怎么语种那么多? 中国土地辽阔，人口众多，语音语调虽不同，文字却是数千年来始终统一，这点比你们欧洲如何啊? ”

那外国人顿时语结。

辜鸿铭收入有限，不能经常犒赏自己，不过却不愁有席面吃。他的中外朋友在办宴会时，都忙不迭地请他为座上客，他也欣然前往，大吃大喝，谈笑风生。表面看来与在上海做督办时无异，却也大不相同了。彼时的辜督办年轻有为，风光正劲，是张之洞的得意幕僚，大清的官员；此时的老朽“冬烘先生”身兼数种“罪名”，是怪物教授，前朝遗老。

有一次，辜鸿铭应邀参加一个宴会，在座皆时下名流和政界翘楚，其中不乏洋人。所有人纵情议论时，辜鸿铭只顾吃喝，大快朵颐，胡子上还沾了些油渍，亮光闪闪。有位外国记者突然请教他:“辜先生，现下中国政局纷乱，有什么法子可以补救? ”

辜鸿铭抹了抹嘴，道:“我是文人，不谈政治。”

外国记者依旧向他请教，他便爽快地道:“当然有办法补救。

把在座的诸位都拉出去毙了，中国的政局就会安定些。”

此言一出，满座皆惊。辜鸿铭却旁若无人地继续喝起酒来，仿佛要将众人枪决的说法是从别人口中溜出来的。

辜鸿铭敢这样说，自然不怕有人找碴。连袁世凯都拿他没辙，别人他就更不惧了。

1921 年 10 月 13 日，胡适的老同学王彦祖请法国汉学家戴弥微在他家中吃饭，辜鸿铭亦在被邀之列。陪客的除胡适外，还有法国的 X 先生（胡适语）和徐墀等。

这一晚辜鸿铭先到了王家，两位法国客人也到了。

胡适进来和辜鸿铭握手时，他笑着对那两位外国客说："我的论敌到了！"

大家都笑了。入座之后，戴弥微的左边是辜鸿铭，右边是徐墀。大家正在喝酒吃菜，忽然辜鸿铭用手在戴弥微的背上一拍，说："先生，你可要小心！"

戴先生吓了一跳，问他为什么，他说："因为你坐在辜疯子和徐颠子的中间！"

大家听了，哄堂大笑，因为大家都知道"Cranky Hsü"和"Crazy Ku"的两个绰号。

过了一会儿，辜鸿铭对胡适说："去年张少轩（张勋）过生日，我送了他一副对子，上联是'荷尽已无擎雨盖'，下联是什么？"

胡适当他是集句的对联，一时想不起好对句，只好问他："想不出好对，你对的什么？"

辜鸿铭说："下联是'菊残犹有傲霜枝'。"

听罢，胡适不由得笑了。

辜鸿铭又问："你懂得这副对子的意思吗？"

胡适说："'菊残犹有傲霜枝'，当然是张大帅和你老先生的辫子了。'擎雨盖'，是什么呢？"

辜鸿铭得意地说："是清朝的大帽。"众人听后再次大笑。

席间，辜鸿铭又讲起了安福国会选举时他卖票的故事。这个故事胡适听他亲口讲过好几次了，每回他总添上一点新花样，这也是老年人说往事的普通毛病。

"……选举的前一天，他果然把四百元钞票和选举入场证都带来了，还再三叮嘱我明天务必到场。等他走了，我立刻出门，赶下午的快车到了天津，把四百块钱全'报销'在一个姑娘——你们都知道，她的名字叫一枝花——的身上了。两天工夫，钱花光了，我才回北京来。"

说完了这个故事，辜鸿铭回过头来对胡适说："你知道有句俗话：'监生拜孔子，孔子吓一跳。'我上回听说一个孔教会要去祭孔子，我编了一首白话诗：监生拜孔子，孔子吓一跳。孔会拜孔子，孔子要上吊。胡先生，我的白话诗好不好？"

一会儿，辜鸿铭已对那两位法国客人大发议论了。他说："先生们，不要见怪，我要说你们法国人真有点儿不害羞，怎么把一个文学博士的名誉学位送给那个人（指徐世昌）！X先生，你的报纸上还登出他的照片来，坐在一张书桌边，桌上堆着一大堆书，题做'徐大总统著书之图'！呃，呃，真羞煞人！我老辜向来佩服贵国的Labelle France（法国小说家）！现在真丢尽了你们的Labelle France（法国小说家）的脸了！你们要是送我老辜一个文学博士，也还不怎样丢人！可怜的班乐卫先生，他把博士学位送给徐世昌，呃？"

两位法国客人听了老辜的话都很感觉不安，那位记者尤其脸红耳赤，他不好不替他的政府辩护一两句。辜鸿铭不等他说完，就打断他的话，说："Monsieur，你别说了。有一个时候，我老辜得意的时候，你每天来看我，我开口说一句话，你就说：'辜先生，您等一等。'你就连忙摸出铅笔和日记本子来，我说一句，你就记一句，一个字也不肯放过。现在我老辜倒霉了，你的影子也不上我门上来了。"那位法国记者，脸上更红了。主人觉得空气太紧张了，只好出言解围，提议大家散坐，这才算告一段落。

辜鸿铭将自己的人生起落随口说出，毫不介怀，让人闹个大红脸后，又满不在乎地转而去谈其他了，仿佛没有这回事，方才谈的只是别人的生活。至于他自己，常忘了曾辉煌过，所以现下也算不上落魄。

慨叹：犹记，桃李春风一杯酒；转眼，江湖夜雨十年灯。

"冬烘"下讲台

讲台几尺宽，却必须一身傲骨上去，一身傲骨下来。

辜鸿铭说，中国只有他和蔡元培两个好人。他说自己之所以敬重蔡元培，是因为蔡元培从一开始就坚守原则，多年来分毫不变。蔡元培为了自己的原则，共有过 24 次辞职，任北京大学校长期间便有 7 次。

1923 年 1 月 17 日，蔡元培第六次提出辞去北京大学校长一职。他的这次辞职，也让辜鸿铭走下了讲台。

一切源于"罗文干案"。罗文干是蔡元培的好友，曾在北京大学任教，后来任北洋政府财政总长。当时罗文干被诬告贪污受贿而入狱，因司法机关查无实证，得以无罪释放。

当时的教育总长是1922年11月上任的彭允彝——一个声名狼藉的政客，他向内阁提议重审，罗文干再次含冤入狱。

蔡元培无法继续沉默，愤而辞职。在《北京大学日刊》发表辞职声明后，蔡元培又在上海《申报》发表了著名的《关于不合作宣言》，言辞激烈，直指黑暗的军阀统治。

蔡元培的辞职，让社会舆论泛起惊天巨浪，北京大学的教师和学生们纷纷挽留，甚至连黎元洪都出面了。蔡元培却心意已决，坚决不回学校，政府没有批准他的辞职，只是让蒋梦麟代理校长。同年7月，愤懑难平的蔡元培索性重回欧洲，学习考察去了。

经此一役，蔡元培依旧是名义上的北京大学校长，彭允彝却丢了官，被免去教育总长一职。

辜鸿铭也对教育界颇有不满，于是辞职回家。

中国的两个好人之一蔡元培不在北京大学，一身傲骨的另一好人便也不再去讲课了。

辞职之后，辜鸿铭没有了稳定的收入，连穿衣吃饭都有点紧巴巴。蔡元培的辞职让他气愤万分，他便投稿到各大报纸杂志上去骂当权者，一面泄气一面换取稿费，养家糊口。德国的纳尔逊教授要给辜鸿铭捐款一事，大约便发生在此时。

过了一段节衣缩食的日子后，辜鸿铭被友人推荐到一家英文报馆做总编，是日本报商在北京投资办的，月酬500银圆，比在北京大学做教授时要丰厚。辜鸿铭知道国人嫌自己是古董，曾言“中国人不识古董，所以要卖给了外国人”，此番倒真应验了。

坊间还流传有辜鸿铭辞职的另一原因，与他教过的学生罗家伦有很大关系。

罗家伦向学校写信，名为《罗家伦就当前课业问题给教务长及英文主任的信》，直言辜鸿铭迂腐守旧，上课时讲英文诗少，骂人骂事多，还向学生灌输封建君主专制思想。

五四运动正激烈时，辜鸿铭在英文报纸《北华正报》上发表文章，将北京大学学生称为暴徒、野蛮人。罗家伦极为不满，拿着报纸在课堂上当面质问辜鸿铭："辜先生，你从前著的《春秋大义》我们读了很佩服。你既然讲春秋大义，就应该知道春秋的主张是'内中国而外夷狄'的，你现在在夷狄的报纸上发表文章骂我们中国学生，是何道理？"

辜鸿铭素来雄辩，这会儿竟无言以对，半天才甩了甩辫子，猛拍讲台道："当年我连袁世凯都不怕，现在还会怕你？"

辜鸿铭辞职这一年，中国发生了一件轰动世界的大事——临城劫车案。

土匪劫火车时有发生，本不是值得举世瞩目的事，可这伙土匪劫走的100多名人质中，包含19名颇有社会地位的白人。

北洋时期，横行无阻的土匪成了中国社会的一个重要组成部分。被生活所困的人们啸聚山林，趁着兵荒马乱各自发展壮大，有的土匪团体势力甚至超过了当地政府。

1923年5月5日，孙美瑶带领匪众千余人，拆毁铁路，逼停豪华列车"蓝色特快"，当场击毙一个名叫罗斯门的英侨后，绑架包含19名洋人在内的100多名旅客，押送至匪巢抱犊崮山麓。

经过拉锯似的谈判，最后经青帮头子杜月笙调解，北洋政府以85000元换取全部被押人员，并将3000多名土匪招安为正规军，孙美瑶则做起了旅长。

这件事让辜鸿铭大感兴奋，他编了首英文歌《孙美瑶之歌》，歌词大意如下：

“我们不需要作战，如果不碰见侵略主义。

我们干起来的话，我们也拿到了纸币；

我们已经训练好蒙古健儿。

大英帝国将不能操纵花花世界的中国！”

辜鸿铭想，中国人，终于也扬眉吐气一回了。虽是土匪做下的，倒也无妨。

菊残犹有傲霜枝

得召见手谕

紫禁城，紫禁城。暮气沉沉的旧朝皇宫，在许多新派人士眼中，只是永久沉睡在逝去辉煌中的无用建筑。三大殿空有蛛丝绕梁，无人叩拜的广场和丹墀早已蔓草婆娑。连春风吹进了这里，都平添几分寒意。就是这样的紫禁城，让辜鸿铭终生魂牵梦绕，念念不忘。

宣统帝溥仪1912年退位后，得到民国政府优待，准其仍然居住在紫禁城，生活起居、仆从礼仪一切照旧。时光荏苒，大清王朝的最后一个皇帝，此时也快20岁了。

溥仪只有在紫禁城里才是皇上，不过这并不影响他养尊处优。按照优待条款，民国政府每年拨付给皇室400万两白银，维持着偌大紫禁城内的一切开销。

小朝廷的一切与溥仪退位前别无二致，直到1922年，宫内仍有太监1137名。他们的存在只为了让几个主子过得舒服。

重重宫墙，隔断了皇室和外界，里面是奢华如故的皇家生活，外面是风云不定的共和社会。民国的天气难以掌控，晴空也难免会有霹雳，保不准就落在深宫之内的溥仪身上。溥仪和他困守紫禁城的小朝廷，随时都有灭顶之灾。

即将油尽灯灭的朝廷，却像一块磁石，紧紧吸引着一大群人。

清晨，夜色残留在天际，浓重的露水还未散去，已有商贩挑着担子出来了。他们在高高的宫墙下穿行，早已想不起墙内住着保留尊号的皇上。商贩走到东长安街，忽然看见一个车夫小跑着经过，乘客头戴大红顶子、身着前清朝服。陆陆续续，又有许多遗老遗少经东长安街奔紫禁城而去。商贩这才记起，今天是初一。每月初一、十五，这些忠心耿耿的遗老遗少便巴巴地跑去给溥仪——他们的皇上请安。

早早来到宫门外候着，哪怕天寒地冻，哪怕已至耄耋之年，也要趁早见到主子。跟主子说上一声“奴才给主子请安”，等主子说句“起来吧”，是清朝遗臣们日常生活中最重要的事。主子，是烙进他们灵魂深处的印记。在民主人士看来，这印记是一道丑陋的疤，可遗臣们不这么想。

也不是谁都能称自己为奴才。在大清，只有满族官员才能自称奴才，汉人呢，只能称臣。

1924 年年初，68 岁的辜鸿铭终于以其忠贞不渝的赤子之心打动了皇上，接到了召见的手谕。得知皇上心里还有自己，辜鸿铭激动得老泪纵横，彻夜难眠。

第二天天不亮，辜鸿铭就起来了，惴惴不安地坐在床边。此时才五点钟，家里的大部分人都还睡着。辜鸿铭在床边坐着发呆的时候，年轻美貌的小脚女人碧云霞也起来了。她知道老爷今天要去宫里面圣，便一刻不停地忙了起来。先翻出早为今天备好的干净衣帽——依旧是缀有祖母绿的黑缎瓜皮小帽，宁绸团花长袍，枣红樟缎大袖方马褂，不过可没有点点斑斑的鼻涕痕迹，而且被一丝不苟地熨烫过了。

碧云霞乖巧地服侍着辜鸿铭洗脸漱口，帮他穿衣，将辫子夹杂以显目的红丝线细细编好。辜鸿铭精神地在桌边坐定，腰杆挺得笔直，碧云霞端来早点，看着他吃了，说："我把刘二叫起来吧。"

辜鸿铭点点头，吃完了早点又在镜子前照来照去，生怕头发乱了，或胡子上沾了点心渣子。刘二打着哈欠起来了，简单拾掇一下便拉着辜鸿铭出了椿树胡同，向紫禁城去了。

有细雪从铅色的天空落下来，辜鸿铭不时掸掸衣服，生怕落下就融的雪花打湿了衣服，弄出褶皱来。街上很冷清，刘二拉着人力车，一路小跑拐上了东长安街，来到紫禁城前。

坐在车上的辜鸿铭，脑中时而一片空白，时而被塞得满满的。他望着两旁流逝的街道和树木，想起故乡南洋，想起在欧洲求学的日子，想起在张之洞幕府的二十年……恍恍惚惚又想起早逝的爱妾蓉子。

车突然停了，辜鸿铭才回过神来，原来已经到了宫门前。他下了车，静静候着，细雪和晨雾弥漫在周身。他来得太早了，天大亮后宫门才会开。

刘二把车拉到墙根处，歇了下来。望着恭然静立，等待面圣的辜鸿铭，刘二不禁想：普天之下能让我家老爷上门候着的，恐怕只有紫禁城里的皇上吧！

辜鸿铭盯着巍峨厚重的宫门，压抑的感情呼之欲出。年近古稀，终于要去领略“天家”风范，可要见的却不是现在的皇帝，而是他人口中的，前清的皇帝。铅色的天空中露出一点暖色的阳光，宫门终于开了，缓慢地、沉重地。负责每日接待来客的太监谦顺地向辜鸿铭走来，后者出示了溥仪的召见手谕，便跟着进去了。

太监略微低着头，迈着小步在前面引领。辜鸿铭每走几步就整理一下衣领和帽子，生怕歪了。他们穿过一条安静的过道，两边是阒无一人的朝房。当年梁敦彦便是在此处听等待上朝的诸公高谈阔论，令辜鸿铭心向往之。此时，朝房内已经灰尘浓厚，桌椅似乎也腐朽了，再无法重现顶戴齐聚的盛景。

过了午门，便是百官朝拜、山呼万岁的一片广场。地砖破裂的缝隙里探出枯黄的杂草，辜鸿铭望之不由得鼻眼酸楚，堪堪落下泪来。不知那些出将入相、叱咤风云的名臣们，看到他们虔诚跪倒之所已是这般萧索，心里会做何感想？若香帅在世，又会如何心痛？

辜鸿铭习惯性地用衣袖擦了擦鼻子，忽然记起，即将要见皇上，怎么能把袖子弄脏？喜悦之情再次涌上，他赶紧以手代袖，胡乱擦了擦鼻涕和漫过眼角的泪。

前面带路的太监始终微微低着头，这般的谦卑姿态在宫墙外已见不到了。现在的人，大都已习惯了昂首挺胸地走路。不过，这太监没有辫子。1920 年的一天，“洋帝师”庄士敦先生告诉溥仪，西方人嘲笑中国人的辫子是“猪尾巴”，溥仪“立刻毫不犹豫地把它剪了，跟谁也没商量”。由溥仪带头，短短几天的工夫，紫禁城内千把条（除了几个内务府大臣和三位中国师傅）的辫子全不见了。

这让辜鸿铭很想不通，皇上，怎么会带头剪辫子呢？

面圣沐天恩

辜鸿铭小心翼翼地穿梭在古老的时空中，尽量不去惊动脆弱的皇家神韵。他感觉自己正走在偌大紫禁城的体内，身旁的每一个古老的建筑，都是它的身体的一部分。

带路的太监似乎头顶有眼睛一般，尽管低着头，却能精准无误地带着辜鸿铭拐来绕去。溥仪此时正在养心殿，太监停下脚步，让辜鸿铭在外面等着，自己则进去通禀。辜鸿铭的心一阵狂跳，连忙又整了整衣领和帽子，将辫子从上摸到下，确定没有乱掉。

很快，太监出来了，对辜鸿铭道："皇上说您可以进去了。"

辜鸿铭干巴巴地应了一声"有劳公公了"，心跳得更急，还口干舌燥起来。他就要见到皇上了，集清朝最后荣光于一身的真龙天子。辜鸿铭早已忘了自己平日是如何的清高孤傲，一进门头也不抬即拜倒在地，行起了三跪九叩的大礼，口中诚惶诚恐地道："臣辜鸿铭恭请圣安。"

辜鸿铭行跪拜大礼之时，溥仪一眼便瞄到了他头上那根缤纷的辫子，心中一阵震颤。溥仪微微颔首，道："免礼。"

辜鸿铭随即站起来，恭恭敬敬地垂首立在一旁。他被自己想象中的天子的光辉熏染，从头到脚都晕乎乎的。他不敢抬头正视溥仪，脑中五彩斑斓，似有烟火炸裂。

溥仪问他什么，他就答什么，机械而唯诺，全无平日的辩才。在中国最后一位君王——一个不满 20 岁的少年面前，辜鸿铭几乎失去了自我。

溥仪说："听说辜先生精通多国语言，朕对你这点很佩服啊！"

辜鸿铭低着头，迭声道:“都会一点儿，都会一点儿。”

“朕听说你还留着辫子，没想到是真的。宫里也还有人留着，不过就几人而已。”

“是，臣一直留着呢，一直留着呢。”

皇上还问了些什么，后来辜鸿铭已经记不清了，甚至想不起来皇上的样子，因为他根本不敢去直视天子的容颜。

他只记得帝王的荣光笼罩着他，时浓时淡，淡时还会透进一丝难以察觉的暮气。让他欢喜到极点时，不禁带了一丝悲伤。

谈了一会儿，溥仪道:“你在爱丁堡大学读过书，朕的老师庄士敦先生也曾在那读书，朕这就带你去见他，咱们可以一起吃饭。”

辜鸿铭连连点头，忐忑不安地跟在皇上身后，始终保持着一段距离。不一会儿便到了养性斋——庄士敦休息的地方。

庄士敦生于苏格兰，早年就读于辜鸿铭的母校爱丁堡大学，后获牛津大学文学硕士学位。1898 年起，历任香港英总督私人秘书、辅政司和英租界威海卫行政长官等职。

1919 年 3 月，经李鸿章的次子李经迈推荐，庄士敦入宫受聘为溥仪的英文教师，兼教数学、地理等西方学说，备受溥仪尊敬，赏头品顶戴，毓庆宫行走，紫禁城内赏乘二人肩舆，月俸 1000 银圆。

庄士敦和辜鸿铭颇有相似之处。庄士敦仰慕中国文化，对儒家思想和佛教哲学十分推崇，1901 年，他以“林绍阳”的笔名在伦敦发表《一个中国人关于基督教传教活动向基督教世界的呼吁》一书，指责传教士试图以宗教改变中国文化的做法，英国教会抨击他为“一个愿意生活在野地里的怪人”、“英国的叛徒”。后写成《紫禁城的黄昏》一书。

庄士敦见了辜鸿铭，不禁讶异于他的手足无措。年近古稀的老者，何等风浪没有经历过，何等场面不曾见识过，却因为此次面圣而慌张得像个初学走路的孩童。

吃饭时，辜鸿铭仍敬畏得词不成词、句不成句，尽管溥仪一直轻松畅快地说着，仍不能将他的紧张消缺分毫。庄士敦曾与辜鸿铭见过面，对他的狂傲和辩才印象深刻，谁能想到天不怕地不怕的辜老怪，也会有如此拘谨的一面呢?

皇上具体长什么样子，辜鸿铭根本不敢去看，只知道皇上戴着眼镜。席间聊了什么，辜鸿铭也记不得了。他几乎紧张得连饭都吃不下，自然更不会记得都吃了什么、御膳是什么滋味。

直到被太监送出宫门，辜鸿铭仍晕乎乎似踩在棉花上，走在云朵里。直到歇在宫墙根的刘二拉着车跑到他面前，他才回过神来，不禁看了看脚下。出了紫禁城，出了皇上的地盘，现在他踩着的地方，是民国。

刘二迈着稳健的步子小跑着，辜鸿铭似耗尽了力气一般，缩在车里。皇上年轻而富于朝气的声音犹在耳边回响，可眼前的一条街、一个胡同、一个屋檐，哪怕是砖缝里的一只潮虫，都不是皇上的。

此行的一切都如梦似幻，却也刻骨铭心。亦恍惚亦真切、时欢喜时担忧，此番面圣成了辜鸿铭至死不敢忘的回忆。

颠颠簸簸，辜鸿铭回到了家。一家人都围上来，静等一向能说会道的他讲述此次入宫之行，想来必是天花乱坠，说上三天三夜也没法停。

可辜鸿铭只是三言两语简单带过，仿佛那个天还没亮，就昂首挺胸迈出门去的另有他人。

“见着皇上了？”

“唔，见着了。”

“在宫里吃的？”

“唔，吃了。”

“皇上都说什么了？”

“唔，就那些吧。”

辜鸿铭终于睡了一个深沉的囫囵觉，多日的心神不宁、紧张焦虑一扫而空，心静如古潭。不过，一个挥之不去的念头始终萦绕在脑海：皇上依旧是皇上，可万一,万一有一天那些逼皇上退位的人，连紫禁城也要抢走呢？普天之下莫非王土，若连最后一点王土也失了，皇上可如何是好？

事隔不久，辜鸿铭和大多数遗老遗少的担忧，终成现实。

王气衰微的紫禁城，从黄昏滑向了沉沉黑夜。皇上，是流浪的皇上；王朝，如果还算的话，成了流浪的王朝。

1924年，军阀遍布的中国大地再次爆发内战。卢永祥和齐燮元在江浙大动干戈，支持卢永祥的奉系军阀张作霖见机而动，准备从东北入关，一雪两年前失利之耻。而吴佩孚作为齐燮元的盟友，也闻风而动，势要一鼓作气，统一中国南北。

9月，吴佩孚带领“讨逆军”进军北方，直逼山海关，甚至夸下海口要在一个月内打到奉天（今沈阳）。各路军阀在山海关附近展开了影响民国国运的大战，而深藏在紫禁城里的溥仪万万没想到，此番混战，最终会给自己头上砸下一道霹雳。

10月初，第二次直奉大战正式爆发，吴佩孚一路凯旋，已经看到了成功攻入奉天的希望。他命冯玉祥率部进驻战略要地古北口，担任左翼作战军第三军总司令，以防张作霖从侧翼进攻。吴佩孚的如意算盘打得好，可事在人为，重用冯玉祥，铸成了他此生最大的败笔。

冯玉祥接到命令后，于10月1日率部赶赴古北口，与直系援军第二路司令胡景翼、京畿警备副司令孙岳密谋倒戈事宜。战争初起，直军前线吃紧，冯玉祥则坐观战局。吴佩孚急调驻守在长辛店、丰台之间的劲旅第三师赴援，10月18日，下令对奉军发动总攻击。

总攻一起，后方空虚，伺机而动的冯玉祥于19日从古北口、密云前线撤军回师，军锋一转直指北京。21日，正当吴佩孚陶醉在攻下奉天的美梦中时，冯玉祥正以昼夜200里的行军速度驰赴北京。

23日晨，冯玉祥占领北京城，囚禁曹锟，发动北京政变。同日，要求曹锟下令停战，免去吴佩孚所兼各职。吴佩孚受此一击，一蹶不振，主力军在前线溃不成军，逃往长江一带。

流浪的帝王

冯玉祥占领北京后，于10月26日，成立新政府，提出建国大纲的五条件，称："……（一）打破雇佣式体制，建设廉洁政府；（二）用人以贤能为准，取天下之公材治天下之公务；（三）对内实行亲民政治，凡百设施，务求民隐；（四）对外讲信修睦，以人道主义为根基，扫除一切攘夺欺诈行为；（五）信赏必罚，财政公开。"

假如溥仪有足够的先见之明，便可以窥见几分端倪——紫禁城内这个井然有序的小朝廷，要迎来灭顶之灾了。

冯玉祥自称武人，邀请孙中山北上，共商国是，同时组成摄政内阁。冯玉祥第一个要处理的，就是紫禁城里前清皇帝的小朝廷。这个旧社会残留的畸形现象、封建污点，必须从民国去除，否则会有国内的遗老遗少和外国的野心家对此抱有幻想，费尽心思企图利用。

11月4日，新政府通过修正清室优待条件，内容主要有：一，大清宣统帝从即日起永远废除皇帝尊号，与中华民国国民在法律上享有同等一切之权利；二，自本条件修正后，民国政府每年补助清室家用五十万元，并特支出二百万元开办北京贫民工厂，尽先收容旗籍贫民；三，清室应按照原优待条件第三条，即日移出宫禁，以后得自由选择住居，但民国政府仍负保护责任；四，清室之宗庙陵寝永远奉祀，由民国酌设卫兵妥为保护；五，清室私产归清室完全享有，民国政府当为特别保护，其一切公产应归民国政府所有。

作为皇家私人建筑的紫禁城，从黄昏走向了黑夜。而作为政府公产，它即将迎来崭新而不可测的黎明。

修正案颁布次日，溥仪便被逐出皇宫，交出玉玺，躲到使馆区去了。

冯玉祥一口气，吹灭了幽微摇曳的帝王灯。中国的最后一个皇帝，被彻底剥夺了最后一层粉饰，暴露在了民国的空气中。溥仪渐渐远离宫门时，虽载着满车的财富，本质上却已是无家可归——有家也不可归了。皇帝被赶出家门，中国绵延数千年的王朝时代，此刻才真真正正落下帷幕。

这看似突然的变革，实则是一个世纪以来便已定音的宿命。

1932年，溥仪在长春重登皇位，做了伪满洲国的皇帝，成为日本人的傀儡。满清河山看似光复了，实则陷入了更加尴尬、不堪的境地。消受掉最后一丝荣华醉梦，溥仪陷入了长达15年的囹圄生活。若辜鸿铭泉下有知，不知那一张巧嘴、一根妙笔，会作何言论？

辜鸿铭大概是全国的遗老中，最后一个知道皇上被赶出家门的。令他牵挂半生的末代君王，将落寞的背影投在紫禁城宫门时，辜鸿铭正在日本兴致勃勃地讲学，身边有花骨朵儿似的碧云霞做伴。

闻讯后，辜鸿铭并未表现出太大的震动，只是忽觉身若浮萍，无根无靠。他已年迈，倘若抑制不住心中的悲伤，恐怕就要一命呜呼，去见恩主张之洞了。

辜鸿铭在日本，不方便向国内发声，倒有一位他的“宿敌”替溥仪说了话，那便是主张变革的新文学先锋胡适。

早在1922年，胡适便进宫见过溥仪，并作文写道：“清宫里这一位17岁的少年，处的境地是很寂寞的，很可怜的，他在这寂寞之中，想寻一个比较也可算得是一个少年的人来谈谈，这也是人情上很平常的一件事。”

得知溥仪被赶出紫禁城，胡适致信时任北洋政府外交部部长王正廷，并公开发表在《晨报》上，谴责冯玉祥的暴力行为。信中，胡适的愤激之情溢于言表：“我是不赞成清室保存帝号的，但清室的优待乃是一种国际的信义，条约的关系。条约可以修正，可以废止，但堂堂的民国，欺人之弱，乘人之丧，以强暴行之，这真是民国史上的一件最不名誉的事。”

胡适还就善后事宜提出三点：“保证清帝及其眷属的安全；妥善处理清宫古物，防止军人政客趁火打劫；公平合理估价清宫古物，按时足额付给清室。”

胡适此举，遭到一班老友斥责。不过辜鸿铭若在北京，八成要拍着胡适的肩膀，鼓动干瘪的脸颊道：“你倒也并非冥顽不灵。”

在溥仪被赶出皇宫前两月，即1924年9月，辜鸿铭应朝鲜总督斋藤实子爵之邀，前往朝鲜。10月，辜鸿铭应日本大东文化协会邀请，漂洋过海赴日讲学，手里牵着碧云霞。辜鸿铭对日本，有着强烈而不渝的认同感。

在日本，辜鸿铭认为能看到切切实实存在着的、中国的文化。

辜鸿铭离京东游时，山海关一带已是一片剑拔弩张之势，北京城倒享受着一番诡异的宁静。辜鸿铭多少猜得出，紫禁城内的皇上和他的小朝廷挺不多时了，只是没想到冯玉祥会临阵倒戈，让这场暴风雨来得如此急遽。

得知皇上被赶出宫后，身在海外的辜鸿铭，拼命回想着匆匆掠过的紫禁城里的景致。三大殿，金水桥，九重宫阙，飞檐斗角，红墙碧瓦。从此以后，一切都是静止、凝固的。

想不到初春的那次面圣，竟是他最后一次以臣子的身份走进紫禁城。听说那里要被改为博物馆，再走进去，只能做个旁观者。再也没有人，能参与到古老宫禁的命运之中。

寄梦海东隅

到达日本后，辜鸿铭首先去爱妾蓉子的故乡——大阪心斋桥凝思凭吊，后即发表一篇演讲词，纵谈中国时局，登载在《每日新闻》上。

辜鸿铭开宗明义，宣称：“中华的新派运动，以广东为根据地；中华的旧派势力，以北京为根据地。广东是有朝气的，北京是暮气深深。但朝气太过，若其目的不达，易流为过激派。北京的暮气不振，终必没落，乃当然的倾向。维新学者康有为，不是一位道德高尚、学问渊深、信仰坚定的人物。乃是一个‘艺者’——日本的女戏子——随时随地表演，致担当维新的事业者，尽变为官僚。民国成立，系孙中山与张香涛的合作。现在举步维艰，是国际的障碍。日本无支那派学者，不能协助中国，使中国的朝气，得合理化的进展，乃一憾事。我希望中国今后自力更生，养成无私，谦逊，简朴三要素的生活人才，能做到‘明其道不计其功，正其谊不谋其利’的功夫，而国家自然兴盛。”

只有在海外，辜鸿铭才得以绽放生命和学识，脱离那个瑟缩在冬日暖阳里的小老头冬烘先生的躯壳。从这篇演讲词来看，他似已将恩恩怨怨看开看透。至于真能看透与否，“冬烘先生”冷暖自知。

10月16日中午，辜鸿铭在日本东京帝国旅馆的泛太平洋会发表公开演说，依旧是传统的旧式服饰，一袭大红长袍、天青马褂，晃晃荡荡地挂在他年迈单薄的身体上，脚下稳稳踩着双梁平底布鞋，帽子还是春夏秋冬始终不变的黑缎瓜皮小帽。

慕名而来的听众人满为患，个个西服笔挺，足蹬锃亮皮鞋，头戴挺括礼帽。有日本人，亦有中国留学生。

辜鸿铭走上台时，拖在单薄后背上的辫子，随着步履起伏微微颤动着。众人都望着那根夹杂着红线的灰白辫子，眼中只有敬意，没有怠慢。

站在台上的辜鸿铭精神抖擞，滔滔不绝，讲东西方之人性主张，和日本文化之前路。他反复强调了三个内容：一，西方人讲“性恶论”，认定人天生有罪，后天种种是为赎罪。贪婪之人会认为与生俱来的罪过与自己无干，是上天强加而来，则无所顾忌地互相倾轧，演成世界大战，贻害终生。二，中国人讲“人之初，性本善”，人不善时便不会怪罪于天，而是反思改过。因此中国人主张四海之内皆兄弟，天下大同。三，日本今后，当继续致力于中国文化，以道德治国，不可再学西方的军国主义。

论及民主，辜鸿铭侃侃而谈：“真正的平等，意味着一视同仁，门户开放，有教无类，或像伟大的拿破仑所表述的人尽其才，而不是将笨蛋与非笨蛋的头脑弄平，使国家中最好之人与最差之人一样差的绝对平等；真正的自由，并不意味着可以随心所欲，而是可以自由地做正确的事情，即中国经书中所谓率性之谓道。真正的民主，是指敞开的大门，没有出身、地位和种族之别，而不是指没有君主、王权，更不是指庶民议政。大多数永远是不好的，他们不具备参政议政的能力。近代西方由大多数人来参与和支配政治的观念为群氓崇拜，它是非理性民主政治的来源，是欧美近来所有社会、政治和世界无政府状态的根源，也是导致欧洲大战的非直接原因。”

从后来的历史进程看，辜鸿铭的警告竟一语成谶，远见卓识令人钦佩。只可惜他的警告，并没有警醒日本人，走上军国主义道路的日本扰乱东亚，最终引火自焚。

时隔不久，冯玉祥发动北京政变，将最后的君王赶出宫廷。辜鸿铭得到消息后，强自镇定，反复在演讲中强调他常说的话：“许多人笑我痴心忠于清室。但我之忠于清室非仅忠于吾家世受皇恩之王室——乃忠于中华之政教，即系忠于中华文明。”

此言既出自肺腑，亦有几分聊以自慰之意。皇上虽被赶出紫禁城，不过年纪尚轻，未来之可能尚不确定。辜鸿铭此刻，更担心风雨飘摇之国土上，中华文明之去从。军事家、土皇帝们尔虞我诈，只讲刀枪不论道义，更不会对他心之所系的中华文明多看一眼。他已是油尽灯枯之年，若不能看清未来文明之走向，到了阴曹地府也不会舒心。

国内时局的纷扰，使辜鸿铭乐于眼不见心不烦，久久盘桓在日本。想他年富力强时是个天南地北漂泊客，如今到了风烛残年，竟又重归于漂泊。只有离家远些，失望才会少些，甚至会再次生出久违的中国梦。日本，就像是他梦中中国的微缩版本。只有在这里，他才可以暂时抚慰心中悸动的梦想。

这一留，就是三年的时间。一个老人的三年何其宝贵，辜鸿铭却毫不犹豫地将它用在四处演说、游览参观、考察民情上，对日本的欣赏之情，溢于言表。

这年 11 月，辜鸿铭应在台湾的远亲辜显荣之邀，赴台游历讲学，一切花销均由辜显荣包办。

辜鸿铭儿时便来过台湾，当时是随父亲辜紫云与义父布朗先生经商。古稀之年的辜鸿铭拖着辫子，再次踏上台湾的土地时，受到了殖民当局和台湾各界的热烈欢迎。24 年前，章炳麟来过台湾；14 年前，梁启超也来过台湾。比起二人当时受到的礼遇，辜鸿铭受到的礼遇有过之而无不及。

台湾总督伊泽多喜男亲自欢迎辜鸿铭，并主持了洗尘宴会。

在台湾殖民当局的邀请下，辜鸿铭以英文作关于中国文化的公开演讲。一身传统的辜记服饰一亮相，立即掌声雷动。

他针砭时弊，痛批东亚崇洋媚外的风气，口若悬河，滔滔不绝地以英文讲着四书五经，让一旁的翻译久久不能跟上他的节奏。

此时台湾已被日本殖民长达 31 年之久。受近年来民族自主思想及五四运动的影响，本来无声无息的台湾文学界，也迎来一场堪比“新文学革命”的“新旧文学之争”。

辜鸿铭坚守并四处宣讲的孔孟之道、文化救世，使他成为新旧文学两派交攻的靶子，一方面欢迎赞赏者在报上著文吹捧，一方面被追求思想进步的台湾青年斥为腐朽不堪。

对新旧文学交攻之战火，辜鸿铭不予理会。前些年在北京，他也做过好一阵的活靶子，此种小规模的阵仗，早已见怪不怪了。

演讲之余，有听众向辜鸿铭求字，他便以蚯蚓似的书法相赠，别人诧异于他的字迹，他便说人家不懂欣赏“辜体字”。

讨伐的舆论也日渐激烈，有人写诗云：

辫发忠犹寄，齐眉愿竟虚。还将尊王论，远寄海东隅。

此四句，倒也不失为辜鸿铭台湾之行的很好概括。

终老屋檐下

“数典忘祖可耻，哪怕是玩扑克。扑克是舶来品，要小赌怡情，还是祖宗的麻将牌好。”这是哪位大家高论？辜博士鸿铭是也。

在台湾居住时辜显荣见辜鸿铭日益受到攻讦，怕他年迈刺激过度，便一面让他减少演说场次，一面带人陪他玩牌。辜鸿铭不喜欢扑克，认为玩舶来品是媚外，祖宗的麻将则要好很多，数典忘祖不可取。大家顺着辜鸿铭的心思来，便陪他搓麻将。他老人家搓到兴奋难抑之时，仿若顽童，胡子辫子乱颤，其态可掬。只可惜辜鸿铭的搓麻技艺同书法一样，苦练多年依旧不精。

辜显荣忙于公事，需前往朝鲜，尔后赴大陆访问段祺瑞、林长民、熊希龄等显要。他对辜鸿铭说：“老哥哥，你就留在台湾等我回来。日本占领台湾这些年，全岛始终太平，反观大陆一片混乱惨淡。你要是想家，我就顺便把老嫂子和两位侄女接到台湾来。老话说得好，宁为太平犬，莫做乱离人吗。”

辜鸿铭一听，险把一对眼珠子从深深的眼窝里瞪了出来，“混账话！在异族统治下，你处于这般地位，免不了要应付一些场面的，这我理解。但不管怎样，千万要对得起良知，时刻莫忘了自己是中国人，总之，切莫愧对祖宗，遗羞后世！”虽对日本有着挥之不去的好感，但在民族大义面前，他还是楚河汉界分得倍儿清。

辜鸿铭自然不会留下，带着一腔使命未竟的愁绪，作别了台湾。《台湾民报》以一篇极尽嘲弄的《欢送辜博士》为辜鸿铭送行：“他（指辜鸿铭）的思想的腐朽，在中国老早就有定评，所以也不用我来批评。然而他这次的渡日、渡台，就是带了一种使命，是欲在日本、台湾提倡东洋文明，鼓吹东洋精神……反过来说，便是要排斥西洋的精神、西洋的文明……”

辜鸿铭又返回日本，四方游历，继续讲学。时间一久，终觉漂泊无依，加之已是古稀之年，便心生归去之意。

1927年，辜鸿铭回到北京，不久发妻淑姑去世。辜鸿铭顿觉生活和身心都空了一半。遥忆当年迎娶淑姑之时，凤冠霞帔难掩初嫁的娇羞，他则是万众瞩目的新郎，锦衣裘马，意气风发。世事流转，不知不觉竟迎来曲终人散。

这年6月，北京城内发生了一件令辜鸿铭万分心痛的事——王国维投昆明湖自沉，毅然离开人世，一封遗书令后人众说纷纭——五十之年，只欠一死。经此世变，义无再辱。

辜鸿铭认识他已有多年，最引人瞩目的，除了那一身令人惊羡、文史哲兼通的旷世才华，还有他的辫子。没错，和辜鸿铭一模一样的、倔强的辫子。

半百之年，本是学者的黄金时代。才子陨落，辜鸿铭唏嘘不已。

不久，受日本人推荐，辜鸿铭前去做张作霖的顾问。他对此人不甚了解，脑中只有三个词：军阀、胡匪、没文化。

第二次直奉战争、冯玉祥政变后，张作霖一帆风顺，队伍也更加壮大。南逃的吴佩孚在汉口重整旗鼓，再次组建直系势力，并于第二年成立十四省讨贼联军，自任总司令。

1926 年 1 月初，吴佩孚联合张作霖，一起进攻冯玉祥。冯玉祥宣布下野，以考察之名避于苏联。1926 年 12 月，张作霖就任“安国军”总司令。次年 6 月，风光无限的张作霖在北京组织“安国军政府”，自任大元帅。

辜鸿铭回国时，张作霖在北京气势正盛，他便带着日本人的推荐信，去见这位胡匪出身的军事专家、大元帅。

一身标志性油光闪亮长袍马褂，拖着辫子，头戴瓜皮小帽的翩翩学者辜鸿铭，就这么来到了大帅府上。

张作霖平日里呼风唤雨、见多识广，突然见了这么一位活生生从前清走过来的遗老，不禁有几分稀奇。想不到日本人向他推荐的，据说见识超群的大家，竟会是此等迂腐可笑。

张作霖觉得这老头怪模怪样，十分有趣，便玩味地问道：“你能做什么事？”

辜鸿铭上下打量这位大名鼎鼎的东北王，只见他身量不高，脸颊瘦削，唇上留着一层髭须，很是浓密。这样貌很普通，大街上随处可见，只是那猎鹰似的犀利眼神，全中国怕是也找不出几人来。只有在战场九死一生中，千锤百炼过的男人，才会有这样的眼神。

张作霖满不在乎地看着辜鸿铭，似乎在说：“我杀过的人，比你读过的书还多。”

如今的军阀，以刀枪论输赢，哪管你书生家那些笔墨硝烟，自然不会把辜鸿铭看在眼里，更何况是风头正劲的张作霖。他曾对手下的文官说过：“吾在军中杀人如麻，曾不一瞬，汝辈书生见之，吓欲死矣。”

辜鸿铭冷静地审视过张作霖，一语未发，在后者好奇的目光中拂袖而去，将做顾问的念头狠狠掐断。回想起在张之洞幕府受过的礼遇，不由得心寒。这，也是中华文化没落的表征啊。

辜鸿铭又成了“冬烘先生”。他整日闲在家中，或翻阅经史子集，或与慕名登门的访客闲叙半晌，要是有几个学生来，他会更高兴些。也有那么些时候，既不愿看书，又不愿说话，便呆坐在院中晒太阳。深秋时，边晒边数落叶，数着数着便数不清楚，糊里糊涂地睡去了。冬日时，则边晒边盯着积雪莫名发呆，感觉冷了，便哆哆嗦嗦地回书房去。

他愈发感到寂寞，在院中度日如年。虽有两个女儿和碧云霞陪在身旁，却仍觉心如秋木，日夜凋零。他的知心好友梁敦彦1924年便已去世，共度一生的淑姑也不在了。他们都是陪伴他“经历”过种种的人，如今又要对谁去念旧？

辜鸿铭每日坐拥书城，读得最多的，还是弥尔顿的《失乐园》。寂寞乏味时吟上几句，便觉找回了几分兴致，转而又去读其他书。

1928年的春天来时，辜鸿铭也精神了一些。院子里的各式花草从土里冒出头来，焕发生机，全然不见冬日时的死气沉沉。傲立于小院的大椿树，也抽出嫩芽，伸着懒腰，开始了又一个四季。

春风挤满了小院的每个旮旯，辜鸿铭本来心情舒畅，却突然在三月底得了感冒。

起初只是头晕目眩，咳嗽不止。家里请来附近法国医院的医生出诊，本以为药到病除，谁知却不见好转。继而发起高烧，头脑也糊涂起来。迷糊之中，辜鸿铭觉得自己应该是大限将至了。有时清醒片刻，又觉得此番大概挺得过去，女儿和碧云霞都在身边，便更安心了。

咳嗽日渐严重，还带了血丝。京中名医登门会诊，得出的结论是肺炎。当时肺炎无良药可医，等同于被判了死刑。辜鸿铭又喝了一阵子中药，仍不见起色，时常大口吐血。眼见着日益消瘦下去，本就单薄的身量只剩皮包骨。

辜鸿铭心里有数，早已看淡了生死。卧床期间，还常同前来探病的门生纵谈时局，气若游丝，辩才却不减分毫。门生讲给他外界的战事：南方的国民党北伐胜利有望，北洋政府气数将尽。辜鸿铭认真听着，时常重复着过去的话：“中国要有真宪法，真共和，真总统，譬若俟河之清……”

患病一个月后，4 月底，辜鸿铭连说话的力气也没有了，汤药不进，水米难下，胸间悠悠起伏着一口气。他生病期间，张宗昌已内定他为山东大学校长，他也有意前往执掌，在晚年好好施展拳脚，只叹天不予时。

1928 年 4 月 30 日，下午 3 时 40 分，辜鸿铭带着他的辫子，安然闭上双眼。

生于世间，本就是客。何必计较，来去匆匆。

辜鸿铭去世后，溥仪特派人致祭，赐谥唐公。

珍东、娜娃为他的遗体穿戴好全套崭新的清朝官服，花白的长辫“傲霜枝”也夹以红丝线，细细编好，妥善收殓，与淑姑和蓉子的一绺长发合葬于北京城外，荣辱富贵，终归尘土。

想辜鸿铭初登祖国大地，少年意气，一身新派笔挺的西装。如今身着前朝官服融入最爱的大地中，想来他该是心满意足的。

珍东、娜娃葬父后，赴苏州落发为尼，再不问人间事。至于碧云霞芳踪隐遁何处，便不得而知了。

20 世纪 70 年代，辜显荣之子辜振甫曾提议再版辜鸿铭的英译著作《中庸》等书，其中不少书籍国内已经绝版，最后从美国图书馆找出。文学巨匠林语堂为再版辜氏著作写序，称：“英文文字超越出众，二百年来，未见其右。造词、用字，皆属上乘。总而言之，有辜先生之超越思想，始有其异人之文采。鸿铭亦可谓出类拔萃、人中铮铮之怪杰。”

纵观辜鸿铭一生 72 春秋，林语堂一言“怪杰”，真似为他天造地设一般。

再观辜家小院内的参天椿树，依旧傲立于人间。